编 委 会

主　编： 郭纪鸿　陆　锋

副主编： 田　波　常　靖　刘景雷

寻觅历史筑梦乡愁

中国联合于浙西古镇的探索之路

中国联合工程有限公司 编

浙江大学出版社·杭州
ZHEJIANG UNIVERSITY PRESS

图书在版编目（CIP）数据

寻觅历史 筑梦乡愁：中国联合于浙西古镇的探索之路/中国联合工程有限公司编. —杭州：浙江大学出版社，2023.7
ISBN 978-7-308-23966-0

Ⅰ．①寻… Ⅱ．①中… Ⅲ．①小城镇—城市建设—研究—浙江 Ⅳ．①F299.275.5

中国国家版本馆CIP数据核字(2023)第115524号

寻觅历史 筑梦乡愁：中国联合于浙西古镇的探索之路
中国联合工程有限公司 编

责任编辑	余健波
责任校对	何 瑜
封面设计	周 灵
出版发行	浙江大学出版社
	（杭州市天目山路148号 邮政编码 310007）
	（网址：http://www.zjupress.com）
排 版	杭州林智广告有限公司
印 刷	杭州宏雅印刷有限公司
开 本	710mm×1000mm 1/16
印 张	8.5
字 数	100千
版 印 次	2023年7月第1版 2023年7月第1次印刷
书 号	ISBN 978-7-308-23966-0
定 价	58.00元

序

PREFACE

"何事吟余忽惆怅，村桥原树似吾乡。"有多少人有这样的经历，一点与家乡相似的景物，都会引起深深的乡愁。正如余秋雨在《乡关何处》中写道，思乡往往可以具体到一个河湾，几棵小树，半壁苍苔。乡愁，是中国人对故土山水人文的悠长眷恋。2019年习近平总书记在慰问基层干部群众时，说出了意味深长的话："让城市留住记忆，让人们记住乡愁。"

城镇是乡愁记忆的载体，面对当今大量的城市更新和遍地开花的乡村振兴，在浙江省小城镇环境综合整治与美丽城镇建设的大背景下，中国联合工程有限公司以EPC工程总承包的方式参与了几十个城镇的建设工作，探索出一条中联模式的城镇有机更新之路。

中联模式以历史性、在地性与落地性为核心：历史文化是城镇的灵魂，保护好文化遗产就是守住文化之根、留住城镇之魂，中国联合深入挖掘各个城镇历史文化的深层次内涵，为不断推进中华民族的文化自信作出努力；"一方水土养一方人，一方人筑一方城"，城镇风貌的千姿百态与建筑风格的千变万化，是中华民族文化基因中的瑰宝，中国联合要做的便是将这些瑰宝进行在地性呈现与活态化传承，以避免千镇一面、千篇一律；城镇是人类文明沉淀的空间，更是城市居民生活的空间，为贯彻"人民城市人民建，人民城市为人民"的重要理念，中国联合从顶层设计的角度整体规划，综合思考居民的生活便利性、文化的传承发扬以及建筑的社会语境，讲好城镇的旧历史与当今的新故事，期望世人能够在经过有机更新后的城镇中阅读到时间的价值，品味出乡愁的记忆。由于篇幅有限，本书仅选取浙西古镇寿昌与千年州府梅城这两个典型项目，剖析中联模式在城镇有机更新中的应用与成效。

寿昌古镇在采用中联模式的建设下，经过一年时间的有机更新，成为浙江全省1191个完成整治任务并验收达标的小城镇中，唯一一个以免检形式通过省级考核的小城镇；也是唯一一个因环境综合整治被《人民日报》头版宣传介绍的小城镇。同时，寿昌小城镇环境综合整治项目荣获2020年机械工业优秀勘察设计优秀成果奖二等奖（省部级）。

而作为浙江全省第一个美丽城镇项目，梅城从开工到完成，不到二年的时间，已然被打造为一座集文化体验、文创艺术、康养度假以及品质旅居为一体的功能复合、文化多元、亦商亦儒，彰显明风宋韵、秀山丽水的千年古府。2019年梅城项目成为全省第一个美丽城镇样板工程，2021年梅城镇荣获"艾里缇斯"国际大奖，被誉为"最美中国文化旅游镇"。同时，梅城美丽城镇建设项目荣获2022年机械工业优秀勘察设计优秀成果奖一等奖（省部级）、2022年浙江省勘察设计行业优秀勘察设计综合类二等奖（省部级）、2022年杭州市勘察设计优秀成果奖一等奖（市厅级）。

2019年9月6日，时任浙江省委书记车俊一行调研中国联合工程有限公司EPC总承包的梅城美丽城镇工程，对于中国联合在梅城"蜕变"中所发挥的作用赞不绝口，充分肯定了中国联合在城镇有机更新中探索的建设模式。这种模式可以总结为：中国联合特色的城镇有机更新之路。主要包含五点重要内容：

1.以"人民为中心"为根本出发点与落脚点。

2.以历史文化为导向。

3.以置入适宜业态、推动旅游发展为目标。

4.以工程总承包为途径。

5.以城市有机更新为成果。

希望通过本书对中联模式的阐述，能够有效帮助到各地城镇的有机更新，同时为全面推进"乡村振兴"、城乡互补的新型城乡关系，助推建设社会主义文化强国贡献力量！

最后感谢，建德市寿昌镇与梅城镇人民政府为本书的创作提供了大量实景摄影资料。

这正是：

华夏文脉传承路，古城建设机缘殊。

会通石桥明月夜，西湖水街火如荼。

半朵梅花立州府，一条玉带贯两湖。

中联模式创佳绩，城镇更新乡愁出。

目录

CONTENTS

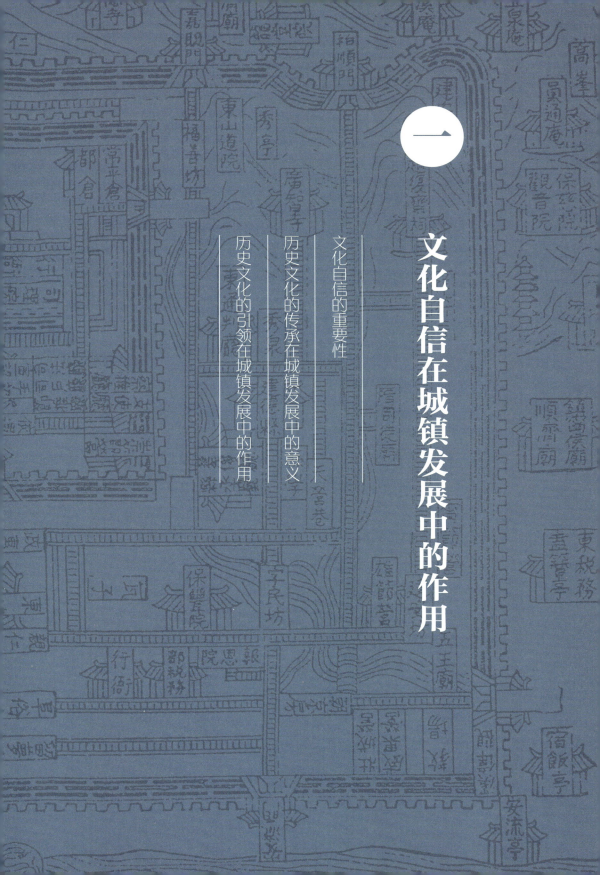

一

文化自信在城镇发展中的作用

文化自信的重要性

历史文化的传承在城镇发展中的意义

历史文化的引领在城镇发展中的作用

1.1 文化自信的重要性

　　党的十九大报告指出,:"文化是一个国家、一个民族的灵魂,文化兴国运兴,文化强民族强。没有高度的文化自信,没有文化的繁荣兴盛,就没有中华民族伟大复兴。"历史和现实都表明,一个抛弃了或者背叛了自己历史文化的民族,不仅不可能发展起来,而且很可能上演一幕幕历史悲剧。文化自信不是一句简单的口号,文化自信是更基础、更广泛、更深厚的自信,是更基本、更深沉、更持久的力量。坚定文化自信,是事关国运兴衰,事关文化安全,事关民族精神独立性的大问题,与国运、民魂紧密联系在一起。

　　"求木之长者,必固其根本;欲流之远者,必浚其泉源"。在2014年文艺工作座谈会上,习近平总书记提到:"中华优秀传统文化是中华民族的精神命脉,是涵养社会主义核心价值观的重要源泉,也是我们在世界文化激荡中站稳脚跟的坚实根基。增强文化自觉和文化自信,是坚定道路自信、理论自信、制度自信的题中应有之义。"

　　中华民族有着五千多年的文明史,创造和传承下来丰富的优秀文化传统。一方面,随着实践发展和社会进步,我们要创造更为先进的文化。另一方面,在历史进程中凝聚下来的优秀文化传统,绝不会随着时间推移而变成落后的东西。我们绝不可抛弃中华民族的优秀文化传统,恰恰相反,我们要很好地传承和弘扬,因为这是我们民族的"根"和"魂",丢了这个"根"和"魂",就没有根基了。而传承中华文化,绝不是简单复古,也不是盲目排外,而是古为今用、洋为中用,辩证取舍、推陈出新,摒弃消极因素,继承积极思想,"以古人之规矩,开自己之生面",实现中华文化的创造性转化和创新性发展。

1.2 历史文化的传承在城镇发展中的意义

　　"罗马不是一天建成的"，城镇的形成是时间的积累，古老的城镇往往经历了数百年，甚至是数千年的岁月变迁与不断发展，城镇特有的历史文化信息也都随着时间慢慢沉淀于城镇中的角角落落，遗存下的山水格局、建筑、古树等共同构成了人们口口相传的"乡愁"中重要的一部分。

　　"何事吟余忽惆怅，村桥原树似吾乡。"有多少人有这样的经历，一点与家乡相似的景物，都会引起深深的乡愁。正如余秋雨在《乡关何处》

▲
梅城镇老建筑

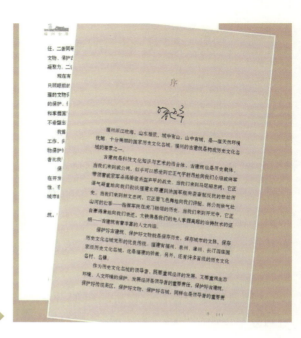

《福州古厝》序 ▶

中写道，思乡往往可以具体到一个河湾，几棵小树，半壁苍苔。乡愁，是中国人对故土山水人文的悠长眷恋。2019年，习近平总书记在上海市考察调研时指出："要妥善处理好保护和发展的关系，注重延续城市历史文脉，像对待'老人'一样尊重和善待城市中的老建筑，保留城市历史文化记忆，让人们记得住历史、记得住乡愁，坚定文化自信，增强家国情怀。"

2002年，习近平总书记为《福州古厝》一书写的序中说："古建筑是科技文化知识与艺术的结合体，古建筑也是历史载体。""保护好古建筑有利于保存名城传统风貌和个性。现在许多城市在开发建设中，毁掉许多古建筑，搬来许多洋建筑，城市逐渐失去个性。在城市建设开发时，应注意吸收传统建筑的语言，这有利于保持城市的个性。"城市中丰富的历史文化遗存是城市发展的重要资源和财富，保护和利用好城市的历史文化遗存是城市建设的题中应有之义，也是我们这一代人的重要职责。保护好城市的古建筑、文物，就是赓续城市的历史和文脉。

1.3 历史文化的引领在城镇发展中的作用

　　2015年，在中央城市工作会议上的讲话中，习近平总书记谈到，城市是一个民族文化和情感记忆的载体，历史文化是城市魅力之关键。古人讲，"万物有所生，而独知守其根"。中华文明绵延至今，正是因为有这种根的意识。城市建设，要让居民望得见山、看得见水、记得住乡愁。"记得住乡愁"，就要保护和弘扬中华优秀传统文化，延续城市历史文脉，保留中华文化基因。要保护好前人留下的文化遗产，包括文物古迹，历史文化名城、名镇、名村，历史街区，历史建筑，工业遗产，以及非物质文化遗产，不能搞"拆真古迹、建假古董"那样的蠢事。既要保护古代建筑，也要保护近代建筑；既要保护单体建筑，也要保护街巷街区、城镇格局；既要保护精品建筑，也要保护具有浓厚乡土气息的民居及地方特色的民俗。

　　历史文化的传承与延续，要保护的不仅仅是文物建筑，而是一个街区、城镇的文化传统、生态环境、原始风貌以及所在城市空间的良性循环。

　　城市的文化自信汇聚成城市精神，彰显着一个城市的特色风貌。结合历史传承、区域文化、时代要求打造城市精神，对外树立形象，对内凝聚人心。没有大雁塔的西安、没有西湖的杭州都是不可想象的。宜居城市，需要文化遗产与人和谐共处，需要更多的人对传统文化和历史文脉的敬畏和尊重。只有从一砖一瓦、一花一树出发，从一条老胡同、一座老民居做起，创造性地走出一条赋予个性的城市更新之路，用微改造、有机更新等"绣花"功夫，为"老宝贝"重新聚拢起人气和名气，才能让普通城市居民找到其历史根脉的归属感。

梅城镇老建筑

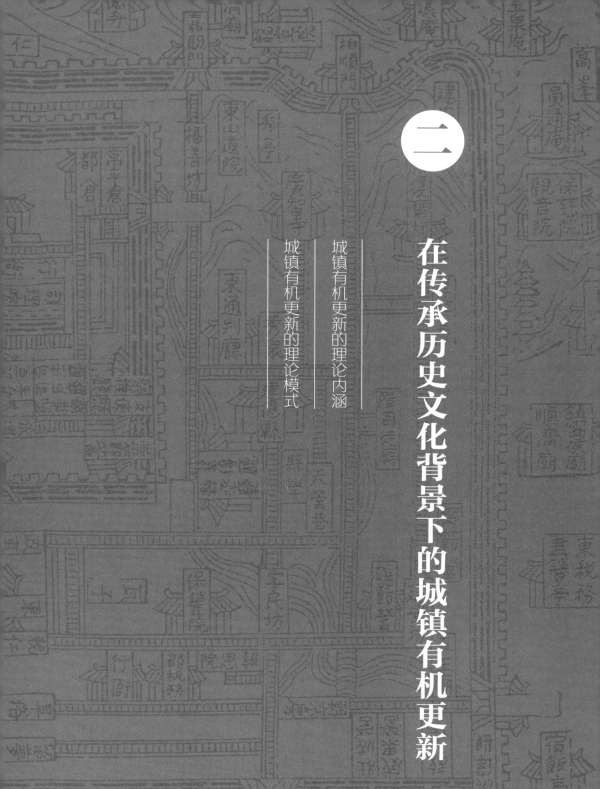

二

在传承历史文化背景下的城镇有机更新

城镇有机更新的理论内涵

城镇有机更新的理论模式

2.1 城镇有机更新的理论内涵

城市有机更新不同于旧城改造，更不等同于主要解决增量需求问题的房地产开发，而是转变城市开发建设方式，推动城市结构优化、功能完善和品质提升，从"有没有"转向"好不好"，为人民群众创造高品质的生活空间。每个城市的特色不同，"改什么""怎么改"，需要因地制宜、分类施策，而其中一个共同的原则，就是要顺应城市发展规律，尊重人民群众意愿，聚焦居民急难愁盼问题。完善适老化和无障碍设施，健全城市防洪排涝体系，增加公共体育活动场地……这些补短板、惠民生的需求，应成为城市有机更新的重点。摸清城市家底，找准现实问题，一个重要路径就是开展城市体检，统筹城市规划建设管理。

城市是一个民族文化和情感记忆的载体，历史文化是城市魅力的关键。2021年住房和城乡建设部发布的《关于在实施城市更新行动中防止大拆大建问题的通知（征求意见稿）》提出，保留利用既有建筑、保持老城格局尺度、延续城市特色风貌，"建设体现地域特征、民族特色和时代风貌的城市建筑"。这提醒各地，城市有机更新要结合自身的历史传承和区域文化，处理好城市历史文化遗存保护和发展的关系，打造特有的城市内涵，并进行精细化的有机更新和微改造。同时，城市有机更新中对历史文化的尊重，并不是指一刀切地简单地将城市风貌修回到某个特定的历史时间点，而是要在发展的过程中充分展示城镇历史文脉的延续。如何在传承历史文化的背景下进行城镇有机更新，将是当下城镇发展的破题之作。

2.2 城镇有机更新的理论模式

2.2.1 国内城镇更新模式发展历程

1.迭代更新模式

中国的大部分古城镇遭到破坏主要在两个历史时期：一个是"文革"时期，这时期流传几千年的中国传统文化与各种类型的文化载体遭到大量破坏；另一个时期便是20世纪80年代至90年代，随着经济的发展与城市化进程的加快，为了解决日益紧张的城市土地问题，我国开始了大规模的城市更新改造，这个时期采取的主要是开发商主导下的迭代更新模式，即将老旧建筑、历史街区、城镇原有街巷格局统统拆除和打破，并以全新的规划设计将城镇改头换面，对城镇的原有风貌造成了无法挽回的破坏。这种发展方式在一定程度上使城市空间结构、城市环境得到了改善，但同时也产生了一些负面影响。城市历史文物建筑遭到破坏，带来了城市特色消失，社区活力消退，邻里关系趋于冷漠等一系列相关的社会问题，也导致不同地域的城镇逐渐趋同化发展，为后期千城一面、城镇缺乏个性等现象的出现埋下了伏笔。

2.有机更新模式

进入21世纪后，人们逐渐认识到大拆大建、推倒重建的弊端，这种模式受到社会各界人士的质疑，于是人们开始关注循序渐进的有机更新模式。而小城镇有机更新改造模式是有机更新理论在微观层面的创造性应用。在改造中，我们应该遵循其肌理，采用插入法，以旧换新，避免全面拆除重建。通过功能重塑、文化引导、设施升级、业态植入、环境美化等五个方面的策略对城镇进行改造，重塑空间结构、整合区域资源设施、传承地域特色文化、实现区域设施完善、营造宜人的生活环境，即为小城镇有机更新改造。在这一过程中需满足经济、社会、环境、文化等的多个方面要求，这既是政府工作的实事工程，也是促进社会和谐的民生工程。

2.2.2　国内较为成熟的有机更新模式

目前国内较为成熟的城市有机更新模式有三种：深圳模式、上海模式和杭州模式。

1.深圳模式

以"寻历史、兴文化、展形象、树典范"为核心，深圳选择了具有代表性的七个城中村项目来探索有机更新模式。其创新思路主要体现在以下几个方面：

一是创新有机更新理念，实现城中村更新跨越式发展目标；

二是探索创新有机更新模式和实施方式；

三是建立市区联动、以区为主的工作机制；

四是统筹利用政策工具箱，加大试点项目政策保障；

五是以点带面，稳步推进全市有机更新工作。

2.上海模式

　　上海扎实践行"人民城市人民建、人民城市为人民"重要理念，统筹推进旧区改造和历史建筑保护，既解决百姓"急难愁盼"的居住问题，又留住城市历史文化记忆，走出一条超大城市旧区改造和有机更新的新路子。

一方面，聚焦有影响力的重大项目。如世博文化公园项目，放弃近百万的建筑容量，把世博园后滩地区打造成开放、共享的大公园，回应广大市民对于建设生态之城的期盼。

另一方面，通过社区空间"微更新"，关注零星地块、闲置地块和小微空间的品质提升和功能创造。通过这一自下而上的更新路径，还权于社会、还权于市场，努力为社区提供更为精准化的公共服务，提高居民认同感。

特别值得一提的是，在加强历史文化风貌保护方面，上海采取最严格的措施，从"拆、改、留"到"留、改、拆"，进一步强化城市更新过程中的历史积淀意识，探索新形势下的风貌保护路径和多样化的空间重塑激活机制。

◀上海田子坊

3.杭州模式

杭州"城市有机更新"的最大创新，就在于把城市作为一个"有机体"和"生命体"引入了"城市更新"，把城市作为一个生命体来对待，突出"有机"二字。杭州在"城市有机更新"实践中不断丰富完善的"八大理念"，就集中体现了这种创新和发展。

一是以民为本。充分体现"城市建设为人民、城市建设靠人民、城市建设成果由人民共享、城市建设成效让人民检验"。

二是保护第一。倡导保护历史文化遗产是最大政绩、保护历史文化遗产就是保护生产力、"保护第一、应保尽保"的理念，把各种历史文化遗存无一例外地保护下来，当好"薪火传人"。

三是生态优先。努力在生态、社会、经济效益三者之间找到一个最佳平衡点和最大公约数，实现效益最大化、最优化。

四是文化为要。在规划上注重文化导向，更要在建设中体现文化品

杭州南宋御街

位；不仅要注重整体文化氛围，更要注重历史的碎片、文明的碎片；不仅要注重保护历史文化，更要注重发展先进文化。

五是系统综合。把"城市有机更新"作为庞大的系统工程来抓。

六是品质至上。坚持高起点规划、高强度投入、高标准建设、高效能管理"四高"方针，强调"细节为王"、"细节决定成败"。

七是集约节约。强调集约用地、节约用地，在集约节约与打造精品之间找到一个最佳平衡点。

八是可持续发展。在推进"城市有机更新"中，坚持可持续发展理念，强调既满足现代人的需求，又不损害满足后代需求的能力。

2.2.3 国内城镇发展的现状困境和解决之道

城镇经过50多年的发展，取得了丰硕成果，但在发展过程中也遭遇

▲ 梅城太平桥夜景

过困境，出现了许多问题，其主要表现为以下方面：

1. 城镇同质化现象严重；

2. 城镇缺乏产业支撑，乡镇企业的发展后劲不足；

3. 城镇环境治理不规范，严重制约农村经济和可持续发展。

令人欣慰的是，如今历史文脉传承的意义被越来越多的人看重，政府的角色在变，治理的模式在变，如何更人性化、更可持续地推动老建筑保护和旧城保护治理，已成为一个紧迫的课题。

首先，应当明确"旧"与"新"，文物保护与开发利用的对立统一关系。只有在尊重文物基本属性和传承规律，保护其完整性的基础上，因地制宜才是硬道理。

▲ 寿昌解放南路

其次，强化"活化"意识，在让历史文化遗产得到保护的同时，也促使更多居民愿意让古老遗产留下来并成为保护文化遗产的积极参与者，进而采取文商旅融合发展的思路，使文化资源优势转化为推动经济发展的优势。

最后，要切实提高全社会保护利用历史文化遗产的积极性。只有让保护利用古老文化遗产的成果惠及更多人，才会形成人与历史、与自然、与城市和谐相处的良性循环。

2.2.4 中国联合的探索

中国联合在近些年的城镇改造中也不断探索着城镇有机更新的课题。

中国联合在政府投资的引领下，通过采用EPC形式推进城镇中关键片区的更新建设，形成示范作用，既改善了居民的生活环境，激发了居民的热情并提高了他们的审美素养，也因此带动了居民自发有序地开展自有房屋的修建工作，由自上而下拓展出自下而上的全民参与。

比如在寿昌的城镇更新中，中国联合在其主要街区与主要点位进行的建设改造已成为优秀的范例。寿昌解放南路的居民们率先开始了自发的建设改造，在秉承城镇统一风貌的大原则下，各自又具有对审美的感悟和对生活寄予的美好愿望。

由自上而下促发自下而上，这一模式在梅城镇也得到了很好的印证，在中国联合将梅城古镇再现出千年古府新风貌之后，西门街的商铺居民们也开始着手修建自家的老房子。

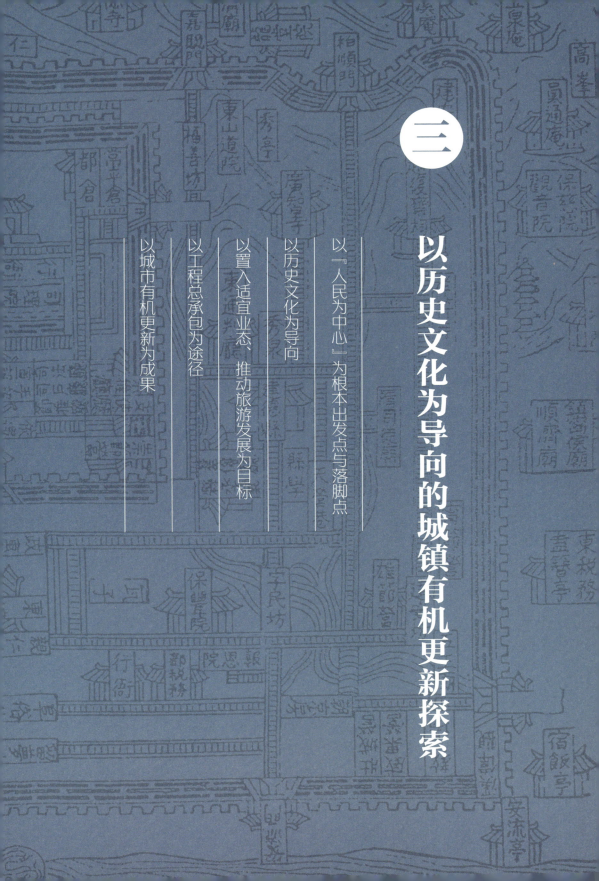

三

以历史文化为导向的城镇有机更新探索

以"人民为中心"为根本出发点与落脚点

以历史文化为导向

以置入适宜业态、推动旅游发展为目标

以工程总承包为途径

以城市有机更新为成果

在如火如荼的城镇化转型的当下，面向存量的城市更新和遍地开花的乡村振兴，上接城市、下衔乡村，中间量大面广的小城镇问题其实对未来来讲是一个非常重要的操作方向。如何突破既有规划模式？如何结合技术，呈现"渐进式"的发展？这也是我们站在小城镇的层面去讨论的一个重要方面。

为此，中国联合团队在城镇有机更新这一课题上，抓住浙江省小城镇环境综合整治与美丽城镇建设的良好契机，对浙西古镇寿昌、梅城两个项目进行了探索实践，总结出一条具有中国联合特色的城镇有机更新之路，主要包含五点重要内容：

1. 以"人民为中心"为根本出发点与落脚点。

2. 以历史文化为导向。

3. 以置入适宜业态、推动旅游发展为目标。

4. 以工程总承包为途径。

5. 以城市有机更新为成果。

3.1 以"人民为中心"为根本出发点与落脚点

"以人民为中心"是习近平新时代中国特色社会主义思想的一个重要内容。之前的城镇改造建设往往会按照新的规划把原住民请出去，但事实证明这样的做法是有很大问题的。老百姓有生活需要，对这个地方

寿昌镇改造后的西湖广场

有感情，他们是不愿意走的。所以我们选择"有机更新"的道路。寿昌、梅城两个古镇最大的特色是"人留住了"，你依然可以在街上闻到当地美食豆腐包的香味，依然可以看到炊烟袅袅升起，其实这也非常明确地应对了党的十九大报告中提出的"以人民为中心"。

习近平总书记强调："城市是人民的城市，人民城市为人民。"中国联合设计团队通过塑造具有地域特色的人文场所，使街区作为家之外的延伸，为居民之间提供紧密的联系；同时对公共区域的打造，不仅是街巷空间上的补充，更可以丰富街区友邻生活，为共同的人居社区增加人情味，实现共建共享共创，构建美好生活圈，提升生活幸福感，更好满足人民群众对城镇宜居生活的新期待，让人民群众在城镇生活得更方便、更舒心、更美好。

3.2　以历史文化为导向

　　面对城镇大建设大发展，当下很多建筑师往往先入为主地考虑建筑自身的造型与空间，而很容易忽略建筑在城镇、街区等场地所处的主次位置与环境关系，以及建筑本身在城镇发展的历史长河中所承载的使命。

　　在许多城镇和传统街区的改造更新中，对原型的复刻是并不鲜见的方法，但又极易深陷于仿古的悖论之中。"过去"凝固成刻板的印象，却仍然无法回应真实性的追问。而中国联合在寿昌和梅城的经验暗示了另外的可能：通过渐进式、参与式、开放式的路径介入山水形态与街巷格局的保护策略，同时为局部空间的持续改造留下了充分的弹性。这种弹性深植于对地方生活的珍视。街巷生命的延续，归根到底，依托于其中所有居民创造出的共同经验。通过调研、访谈、协商，在现场逐步捕捉

▲
梅城镇中秋祭月活动

到了这些兴许模糊却极其生动的场景，并将历史记忆与片段传承与呈现。

　　历史文化遗产生动述说着过去，也深刻影响着当下和未来。每一座城市在各个历史时期的城镇规划都离不开当时文化的指导，而各个历史时期的文化又可以透过现存各个层次的老城区的风格来展示，并为新时期的规划提供依据和参考，进而通过这种形式使地域文化的历史文脉得以延续。因此，在各地城市改造过程中保留历史文化记忆，首先应保留历史建筑的精华。这不仅可以丰富城市景观，而且还可以为市民了解历史提供辅助记忆和提示，让想了解历史的人们重温与回顾。其次，应尽可能地保护城市建筑原址。保护城市建筑物原址，就是保留城市记忆的真实性。再次，应保护古城最真实的历史文化生态环境，尤其是成片的历史街区。历史街区是历史上人类组合成群体在城市生活的空间，是完整的历史人文环境，有形的建筑和无形的文化魅力在此交融、辐射，呈现真正的城市生活史。由此也可以说，留住城市记忆就是对城市文化的传承。

▲
梅城镇府前街

既要使原有的文化得以传承，又要在历史进程中满足当代需求。中国联合在这方面作出了非常大的努力和尝试。寿昌、梅城这样的千年古镇，虽然格局清晰并一直延续至今，但在古代，城镇中为民众丰富日常生活的公共空间往往寥寥无几，或是狭小逼仄。中国联合的设计团队在保持原住民原有生活方式的基础上，利用有限的现有城镇空间腾笼换鸟，使多个开敞的空间联系起来，以满足今天的生活需求。

生活本身是一种选择，历史文化街区赋予了人们有根有源、有灵感有动力、有价值追求的一种生活。从为当地留下形态特色，到为城市留下活态产业、为生活留下文化遗产，在不断扩大的保护圈层和保护意识中，不变的是对于生活的理解，宽广而流动，汩汩向前。

3.3 以置入适宜业态、推动旅游发展为目标

产城融合是产业发展和城镇发展相融合的新概念，也是新型城镇化运行中所推崇的新模式。产城融合发展不仅对城镇更新和完善服务配套起到一定的推动作用，能够实现产业和城镇之间的和谐发展，同时还能形成产业集群，从而为城镇发展提供基本保障。

1.注重业态个性培育。以发展产业集群为抓手，以产业为发展导向，建立特色鲜明、产业集群规模和经济总量可观的特色小镇。

2.管理模式互动互助。按照产城融合的发展目标，在产业规划、项目招商、旅游产品开发、旅游线路串联、节庆活动开展、基础设施配套

▲ 寿昌镇改造后的夜经济

等各方面互动互助互通。

3.昼夜经济互促互补。把文化旅游、研学等日间经济与夜间休闲经济进行资源整合，形成多元业态特色，实现小城镇传统风韵与现代风情互融交织。

3.4　以工程总承包为途径

无论是前几年开展的小城镇环境综合整治行动还是近两年各地争创的美丽城镇建设，这些与小城镇相关的有机更新项目都具备以下特点。

1.工期紧。小城镇有机更新工程实施范围广，计划工期一般仅为几个月至1年，其中包含了设计、采购和施工等全部工作，且根据省、市、区整治办的考核要求，工程实际工期往往远少于计划工期。

2.专业多。小城镇有机更新工程涵盖了建筑立面改造、老旧建筑修缮利用、景观绿化提升、路桥改造、背街小巷整治，以及公园广场、停车场、城市家具、雕塑小品、标识导视系统、慢行系统、海绵系统、交通标线等一系列的新建与改造提升的工作内容，除建筑和风景园林专业以外，还有结构、给排水、路桥、电气、亮化、标识设计、交通标线等多专业合作，综合性较强。

3.协调难。工程在实施过程中需要协调的单位、部门很多，既包括各级管理部门，也包含沿线各建筑业主，还包括分包的施工单位。多个利益主体的参与，使项目质量、进度及造价的控制显得更加复杂。

基于以上特点，中国联合在实践小城镇有机更新的各个项目中采用EPC工程总承包模式，通过EPC（设计、采购、施工一体化）建设模式，加速推进小城镇环境综合整治。EPC模式，即借助企业人才、技术、经验、资金等优势，采用设计、采购、施工一体化的工程总承包模式，可有效解决传统项目审批周期偏长、设计施工衔接不畅、投资规模不可控等问题，为项目建设争取宝贵的"黄金时间"。

EPC工程总承包模式的主要优势

1.周期短。由于采取总承包模式，设计、采购和施工等工作可以做到全面统一协调，与以往模式相比大大缩短了工期，在各类工期紧的政府性项目中此模式具有很强的不可代替性。

2.效果好。中国联合采用的以设计为龙头的EPC工程总承包模式，设计团队在整个项目中担当着决策建议人、项目把关者、施工协调员的角色，全过程对项目质量把关，因此项目呈现出的最终成果完成度高、效果好。

3.费用低。因为项目的多专业、上下游的壁垒被打破，可以透明化询价审计，因此总承包模式下的费用可以得到很好的把控。

同时，采取EPC模式极大缩短了前置审批时间，综合整治效率不断提高。实行"整治工作项目化、项目时间化、时间责任化"的清单式管理。在项目推进中，各级政府进一步优化项目审批流程，建立多部门并联审批机制，开辟"绿色通道"。

3.5 以城市有机更新为成果

经过这几年的探索和实践，中国联合在小城镇有机更新项目中取得了显著的综合效益。在经济效益上，避免了以往城市更新模式中大拆大建带来的浪费，提高了工程效率，也保证了工程质量，强调了技术的适宜性和合理性；在社会效益上，有助于保护城镇与街区风貌，彰显其内在历史文化价值，稳定原住民，并为合理开发利用奠定基础。

小城镇有机更新是城镇面对新发展条件的不断调整、适应、改变的过程，是一种统筹性的规划，是对城市整体利益、功能完善、价值提升的总体部署和安排。

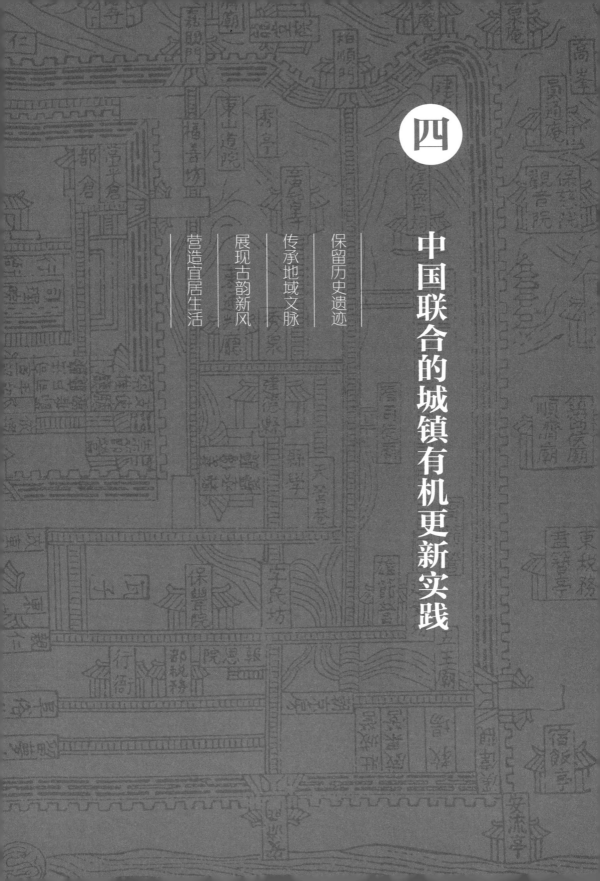

四

中国联合的城镇有机更新实践

保留历史遗迹

传承地域文脉

展现古韵新风

营造宜居生活

古老的城镇见证了无尽的斗转星移，更浣尽人事物匆匆驻留的痕迹。正是在这样的进程中，城市与高楼拔地而起，无数曾经繁华的场所渐渐被风蚀为只可远观的见证者，最终消散在时间的烟瘴中。古城镇的复兴是重新发现和感受中国传统建筑魅力的过程，为此，我们想在日新月异的城镇发展中完成百年甚至千年维度的时空穿越：让古城镇、历史街区可知、可感、可生活；也让老建筑在城市进程中成为可持续的参与者而非束之高阁的藏品；使古今的时空碎片得以更细微、更彻底地相互渗透，为来访者描绘具有强情境感的体验；在小城镇有机更新中打造出文化、记忆、趣味、温度并存的可居可游的生活空间。

经过数载辛勤的耕耘与积累，中国联合的设计团队围绕古镇历史文脉、文旅业态发展以及城镇有机更新这三大要素，探索出城镇有机更新的中联原则：

第一，对于古城镇而言，要做到：

1.保遗迹；2.续传承；3.论主次；4.现古韵。

第二，对于文旅业态，要做到：

1.兴业态；2.讲故事；3.谈文化；4.成脉络。

第三，对于建筑而言，要做到：1.突地域；2.微改造；3.留痕迹；4.宜生活。

中国联合以浙西地区的寿昌、梅城两座千年古镇为实践对象，用满载的荣誉与丰硕的成果精彩诠释了三大原则与五大内容在小城镇有机更新中的重要意义。

实践项目中的寿昌镇是一个古老集镇。三国吴黄武四年（公元225年），朝廷将富春县析为桐庐、建德、新昌三县。晋太康元年（公元280年），新昌县改名为寿昌县，寓意永寿恒昌。唐神龙元年（公元705年），县治迁到白艾里（今下桂村、上桂村、山峰村一带）。唐至德年间（756–758年），寿昌县治从白艾里迁万松镇，即今寿昌镇镇治地。

下页乾隆十九年《寿昌县志》所载图的城池格局与目前寿昌镇的格局已经基本相同，除了城墙、学宫和几座牌坊已随着年代消逝，其他布局均相差无几。图中贯穿城市东西方向的主路就是今天寿昌东西向主路中山路，市沟即被恢复的西湖水街。

中国联合的城镇有机更新实践

◀ 梅城镇严州府城老城墙

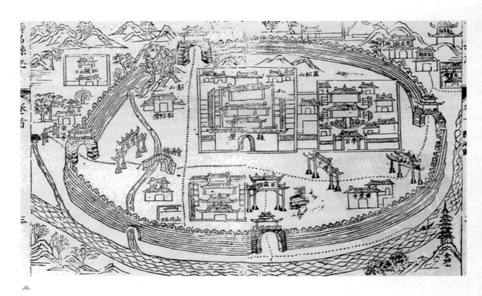

乾隆十九年《寿昌县志》图

与寿昌镇同属建德地区的梅城镇，是浙江省历史文化名镇。中国著名历史文化建筑遗产保护专家阮仪三先生，曾评价梅城是长三角地区唯一一座州府规制清晰、街巷肌理完整、历史文脉可寻、历史遗存丰富的古城。梅城，有"千年州府，梅花之城"之称。严州原称睦州，下辖建德、寿昌、淳安、遂安、桐庐、分水六县。梅城既是严州的州治，又是建德县的县治。建德建县于三国吴黄武四年（225年）。唐武则天神功元年（697年），睦州州治从上游的淳安迁到这里，直到1959年撤销建德专署为止的1262年间，梅城一直是州府的所在地。梅城由于地处三江交汇，水运交通便利，商贾云集，为梅城带来了周边地区的多种文化，在徽州文化、吴文化以及越文化的共同影响下，以梅城为中心的古代严州地区形成了具有融汇风格的新安文化。因此，梅城的地域文化具有包容性、开放性与独特性，兼容并蓄，多元融合。

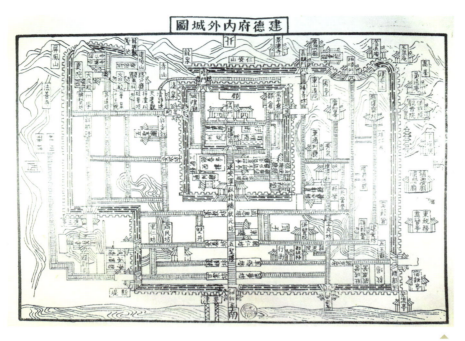

南宋《淳熙严州图经·建德府内外城图》

4.1 保留历史遗迹

　　历史长河缓缓流过，给一座又一座城市留下了诸多文化印记。历史文化保护区、文物古迹、老建筑、老街区，作为城市的"有形历史"，展示着其一脉相承的味道和"腔调"。"万物有所生，而独知守其根"，如果没有这源远流长的历史文脉，城市便成了无根之木，再繁华新潮也没有灵气和"来处"。城市文化的记忆除了形象的视觉感官，还有周围空间环境的想象感觉，从古代到现代，一步步地记录着历史的变迁、环境的演变。"白雪镶红墙，碎碎坠琼芳"，这说的是风雪中的故宫，有着无限神秘色彩的紫禁城；粉墙黛瓦、小桥流水，这形容的是温柔婉约的苏杭；锤

▲
寿昌镇老建筑

峰落照、热河览胜，这自然落脚在避暑胜地承德……正是古建筑、老街区，一个个独一无二的文化坐标作为记忆传承着城市的气度和底蕴，讲述着历史风尘中的沧桑往事。

我们依照"最大保留、最小干预"的原则，以最大限度保留传统建筑原有的"真实性"。建筑上所有的历史印记都尽量保留，这些印记可以称为"时间的痕迹"，修复完之后，建筑还是原来的建筑，材料还是原来的材料，通过修复保证建筑安全性和现代生活使用的功能性。

4.1.1　寿昌翁宅

在建德寿昌，有一处古宅朴素恬静，历史悠久；它青砖黛瓦，古韵依旧。它就是寿昌翁宅。

与翁宅初次相遇，眼前的这座建筑如同一位苍苍暮年的老者，在新时代发展的道路上踽踽独行，说不尽沧桑。

翁宅是初建于清朝年间的翁氏家族民居，曾是寿昌境内独一无二的古宅："八字门楼旗杆扬，一院围聚十二房。十条弄堂穿门台，四方天井对明塘。六处庭院四时鲜，青石铺路块块方。"这几句诗描绘的就是当时翁宅的样貌，古有翁半县之说。历经年代变更，现仅遗存七幢，内部早已破烂不堪，唯有几片马头墙在无声地诉说着昔日的繁华与风光。

翁宅天井

翁宅内院

▲
修缮后的翁宅老墙

　　如何将历史痕迹传承给后人、如何将目前的加固工艺展现于后世以及如何保护好遗留的历史信息，始终是我们在工作实践中研究思考的重点与坚持恪守的信念。

　　面对这组古老的历史建筑，经过多次现场勘测，我们对每一片外墙和每一根木柱、木梁都作了甄别与鉴定。在与政府多次协商后，设计团队拆除了所有后期居民搭建的违章建筑，使翁宅在清末时期的真容得以展现，并采用里巷的手法，将七幢老宅串联起来，组合成一组较为完整的古建筑群落；同时运用接柱等手段加固主体木结构，使翁宅古建筑的生命得以延续。凝视着翁宅一片片斑驳的老墙，上面满是岁月的痕迹与历史的沧桑，设计团队决心保存这些老墙，让历史的记忆能够传承下去。

　　经过与施工团队多次的讨论与实验，最终采用了局部灌浆、增设铁拔钉等新旧结合的加固方法，令翁宅最具代表性的老墙得以保留与延续。

　　阳光漏过树叶间隙，在青石砖上洒下斑驳，古旧的建筑画卷顿时灵动起来。推门而入，大户人家式的陈设考究细腻，房门、窗扇、走廊的木雕古色古香。翁宅是寿昌古镇中保留下来的为数不多的完整百年老宅，已成为寿昌传统民居的缩影。

▲ 改造后翁宅庭院院门

▲ 胡氏故居烧毁前老照片

4.1.2　梅城胡氏故居

　　胡亨茂是民国时期严州城里最大的商号之一，以经营南北货为主，兼营粮油加工、酿酒、制烛等，其分号遍及建德的东乡和西乡，实力十分雄厚。胡氏祖上是绍兴人，商号取名"胡益茂"，位于严州城太平桥下，主要经营南北杂货。随着生意逐渐发展，将店号改名为"胡广茂"，后由裔孙胡子亨掌管。胡子亨将"胡广茂"改为"胡亨茂"，胡亨茂商号从此正式得名。清同治元年至民国十五年的六十多年间，是胡亨茂事业的鼎盛时期，是当时严州规模最大、实力最为雄厚的大商号之一，在严州城中有"胡半城"之说。

　　梅城玉带河太平桥旁的胡氏老宅已有两百多年的历史，占地超过1000平方米，老宅内相连的天井有13个，天井里有树木、鱼池，东侧后花园有三层小楼，并有一条地下暗渠与玉带河相连。2009年的一个深夜，胡氏老宅突遭大火，过火面积约300平方米，建筑受损严重。正是由于那场大火，胡氏老宅错失了被列入历史建筑保护名录的机会。为此，是拆

除重建还是保护修缮，两种意见争论了许久。

梅城作为千年古府，随着历史的发展，保存下来的古建筑遗迹已是屈指可数。在建设总指挥叶万生先生以及时任梅城镇委书记何瑞洪先生的大力推动下，中联设计团队摒弃了拆除重建的议题，着力修缮，重现古宅的原貌，为千年古府增加了一处保留历史记忆与岁月痕迹的建筑遗产。

胡氏故居原有建筑结构主要为穿斗木框架，但由于年久失修，超过百分之八十的原有木柱、木梁多因白蚁虫蛀而腐烂开裂，曾经雕刻精美的牛腿、挂落、葫芦杆栏杆以及门窗等都有不同程度的破损或缺失。瓦屋面破损严重，山墙墀头损坏断裂，同时部分墙体出现墙面剥落、空鼓甚至墙体损毁等现象。

设计团队运用在寿昌翁宅收获的经验，指导施工团队恢复了胡氏故居曾经的面貌，对部分因年久失修并倾斜严重的老墙，只能忍痛割爱将其拆除另寻保留的策略。我们利用原有老墙所拆下的老砖，以三丁一顺的砌筑手法铺贴于重砌的外墙，使历史痕迹以另一种形式得以保留与延续。

中国联合的城镇有机更新实践

四

　　古人在建造住宅时通常会在梁、牛腿等重要部位，采用不同的主题雕刻来寓意家主对其后世子孙的期许。胡氏老宅第三进的北墙则是用砖砌的手法在两层墙体内嵌入了一个"福"字，这种手法在古建中其实

胡氏故居改造后建筑内景

▼ 修复后的"福"字

是比较罕见的。设计团队利用拍照、实地摆样的手法，仔细研究"福"字与墙体的连接方式，指导施工团队精心修复，把胡氏祖先对后世的祝福延续下去。

随着古府文旅业的发展，游客对住宿的需求呈指数级的增长，胡氏老宅作为古城核心区域中体量最大的古建筑群，早早就被一家酒店集团选中，准备将其打造成高端酒店。由于酒店客房的卫生间和老宅的木结构体系始终是一对无法调和的矛盾，设计团队创造性地在木结构体系内巧妙植入了混凝土结构，既保留了木结构的原有风貌特色，又消除了卫生间的潮湿对木结构的影响，为木结构古建的综合利用探索出一条成功的路径。

胡氏老宅改造模型 ▶
剖透视图

由于严州城在古时为新安理学文化的兴盛地之一，所以在建筑上对规制礼数很是注重。因此，即使是像胡氏家族这样的名门望族，其民居建筑在外观上也保持着简洁质朴的样式特点，而把所有精美雕刻的装饰都藏秀于内。正是依据这样的文化背景，我们对老宅内缺失损毁的装饰构件按原有主题选比内容题材进行补缺或替换，对较为完整的装饰构件进行了保留。

　　胡氏老宅的修缮，无论是对于设计团队还是业主单位，都是收获满满。唯一遗憾的是，胡氏老宅的地下渠道由于种种原因没有纳入修缮范围，只能让其继续隐匿于历史的长河中，等待着未来发掘的机会。

改造后胡氏故居鸟瞰图

4.1.3　梅城胡家大院

　　建于民国初期的胡家大院位于梅城镇府前街，是上文中所说胡氏大家族的另一座民居住宅。整座建筑为合院格局，主楼和厢房之间的天井转角处为圆角做法，颇具特色，装修精细。

　　胡家大院整体结构保存较为完整，内部仅有几处装饰构件破损。设计团队本着最小干预的原则，仅仅修复了破损的屋面与部分已损构件。在修复过程中设计团队最大的困惑是这座古建的沿街窗户样式。由于改革开放初期，当时的

◀ 改造前

◀ 改造后

居民没有任何保护古建的意识，直接破墙开店，使得这座古建筑沿府前街的大门两侧的窗户遭到破坏，导致原有窗户形态丢失。设计团队在多方考证后，借鉴梅城同时期建筑中的开窗手法，用老砖砌筑出窗户样式，并用局部做旧的手法使其与原有墙体完美融合。

原建筑门楣处有淡淡的"毛主席万岁"的标语，本着对各个历史时期文化尊重的原则，我们并没有对这处标语进行去除，而是完整地保留了下来，这样不同时期的历史信息在这座建筑中完成了"叠代"融合，展现给后人的是历史变迁在这座建筑身上留下的岁月痕迹，淡淡诉说着曾经发生过的古老故事。

保留的门楣处标语 ▶

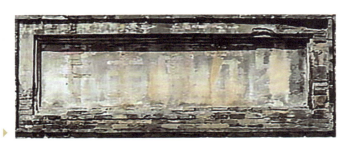

中国联合的城镇有机更新实践

四

4.1.4　梅城太平桥

2019年4月15日，法国巴黎圣母院突遭大火，使这座具有八百多年历史的建筑损毁严重，造成了不可修复的破坏。几乎在同时，在挖掘梅城玉带河的河道时，也发掘出与巴黎圣母院同时期建造的宋代圆拱石桥——太平桥。

太平桥位于梅城的核心地段，是古代连接东西两湖的玉带河所必经之桥梁。1968年富春江水电站建成，上游的新安江水位抬升了12米，使

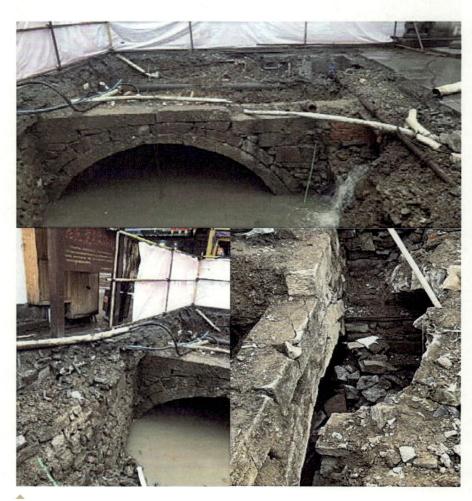

▲
发掘出的老太平桥现场

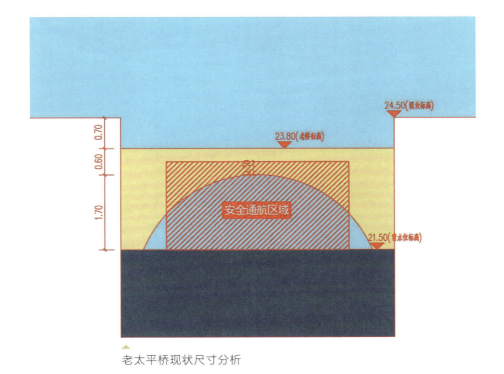

老太平桥现状尺寸分析

位于新安江畔的梅城地下水位整体抬高，玉带河便失去了城内航道的作用，后政府用涵洞的形式将玉带河进行填埋，玉带河从此消失。

这次玉带河的挖掘工程，重新掀开了覆盖在太平桥上的"面纱"。经在现场仔细踏勘，发现挖出的太平桥其实是由三座不同年代的桥体叠合而成。考古工作人员经过年代断定并结合现场模拟比对后，推断出最下层为宋代桥体（其桥拱处石料已开始风化），明代时期利用宋代太平桥的主体结构重新包裹了一座新桥，而新中国成立后又在明代桥身上铺设了新的桥面。如此不同年代叠合而成的太平桥实属罕见，如何保护这一特殊的历史遗存，是梅城项目总指挥叶万生先生、政府特聘专家黄印武先生（云南沙溪古镇修复项目负责人）和中联设计团队三方主要探讨的议题与难点。

中国联合的城镇有机更新实践

四

改造后的新老太平桥

　　如何保护并扩展太平桥、如何考虑玉带河通航要求，以及如何在狭窄的空间内解决梅城百姓在十字街口处习惯的通行功能，针对这三个主要问题，三方讨论了数月之久。最后叶万生先生开创性地提出，通过在太平桥北侧开挖隧道来满足通航需求，这个建议的提出，使当时面临的所有矛盾与纠结迎刃而解，同时也得到了黄印武先生与设计方的高度赞同。

　　在叶万生先生的提案启发下，中国联合顺势而为，在太平桥上方按明代桥体宽度凌空架设了一座新的钢砼结构步行桥，既可以对古代桥梁起到保护作用，又可以解决居民的通行需求。同时利用在现场挖掘出来的部分石栏杆，采用新旧构件结合的方法，完成了新建桥身的栏杆铺设。

　　一座古桥展现着新意，一座新桥又蕴含着古韵，"叠代融合"的太平桥静静地平卧在玉带河上，浓缩了斗转星移的时空变化，也展现着沧桑的历史记忆。

太平桥改造工程实施方案确定后，经与严州历史文化研究会会长陈利群先生沟通，中国联合决定在现有的思范坊东西两侧复建理学名邦坊、汉富春治坊，与思范坊形成品字形牌坊群，使古镇原先相对逼仄的十字街口成了既有气势又疏朗开阔的广场，与太平桥共同打造出具有多层次立体空间特点的重要节点。

改造前（上）
改造后（下）

4.1.5　玉带河上的驳坎与桥

梅城北侧的乌龙山水系中有一条支流，流经水斗门路后倾泻于东湖之中，每逢山洪爆发都会造成湖水四溢。后经古代先民开通玉带河，使东湖之水自东向西绕郡而流，经西湖排入新安江。

伴随着玉带河工程的不断推进，我们又在太平桥西侧的河道中挖掘出三层不同年代建成的驳坎，经考证断代为唐、宋和明清时期的驳坎，同时陈利群先生提出，在这段河道附近，在古代应该还存在一座桥梁，名为"擂鼓桥"。

擂鼓桥的式样在文献中已无从考证，设计团队只能根据现场挖出的两根鼓锤状的莲花头石栏杆及擂鼓桥的名字来重新设计一座新的桥梁。数个雕刻出来的鼓钉配以半圆形桥拱勾勒出"鼓"的意念。桥面上鼓锤状的栏杆配合着四个"鼓"型抱鼓石强调着这座桥的主题。

发掘出的老驳坎现场

擂鼓桥（上）
太平桥（下）

在这次改造玉带河的过程中，除了擂鼓桥我们还复建了后沥桥、二板桥、三板桥、太平桥、宋家桥、字民桥等六座桥梁。根据不同桥梁所需具备的通车、步行等不同功能，我们设计了混凝土桥梁、古法石砌桥梁及独特结构的太平桥这三种类型。

七座新旧融合的桥梁，七座设计手法各异的桥梁，与玉带河各个年代的驳岸相存相依，共同勾勒出梅城千年古府的江南水乡韵味，再现出古府居民的乡愁。

改造后的老驳坎
▼

太平桥

明清驳坎

宋代驳坎

三板桥

宋公桥

三板桥/宋公桥

擂鼓桥

新建驳坎

唐代驳坎

4.1.6　严州牌坊

　　在中国古代城市格局发展进程中，牌坊从坊门演变为独立的街道标志性建筑，对于城市与街道来说，具有引导、标志、区分空间、美化环境的作用。从文化内涵上看，一直以来起着"公庭绰楔，惟民所止，国典旌贤，表厥宅里"等重要作用。梅城作为严州府、建德县的政治、经济、文化中心，古牌坊遍布全城各个大街小巷。据民国八年编纂的《建德县志》记载，严州城内就有114座牌坊。

　　由于历史变迁，时局动荡，新中国成立初梅城遗存下来的只有19座石牌坊。1966年开始的史无前例的"无产阶级文化大革命"中，牌坊被造反派作为"破四旧"的对象，张贴上了

▲ 梅城镇"文革"时期运送牌坊构件老照片

"封建余孽，坚决砸毁"等标语，19座牌坊全部被推倒砸毁，人们将砸烂的牌坊碎片运到影剧院工地与防洪大坝工地填基掩埋。

我们尝试重塑千年府城的空间序列，再现严州古睦名邦、人文荟萃之历史底蕴，重兴古牌坊在当今社会表彰教化的作用。

▲ 梅城镇 "文革" 时期砸毁 石牌坊老 照片

　　2018年9月，杭州文物考古研究所对梅城影剧院地基进行考古发掘，把埋在地下的牌坊残构件挖掘了出来。我们对出土老构件中的立柱、额枋、斗拱等主要支撑体系构件的长、宽、厚各尺寸进行了测量与记录，并与历史图像相对照，以此还原牌坊的原始尺度比例关系。我们对牌坊各个构件的作用与特点、主要承重构件结构计算、材料选取以及出土老构件的拼接与使用，进行了详细的研究与探讨。

　　我们对需要再利用的碎件进行三维扫描，对同类型碎件进行人工拟合拼接，以拼成相对完整的构件。像出土的栌斗、坐狮、抱鼓石等构件，尽可能通过修复应用于复建的牌坊中，让世人感受到时间的迭代，历史的凝聚。

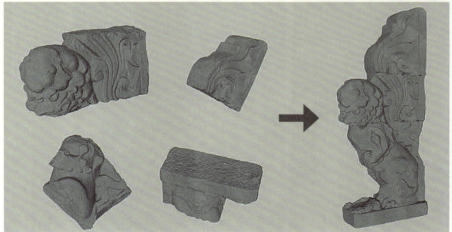

▲ 出土老构件（上）
　构件三维拟合（下）

前（左）
后（右）

经过对出土构件与影像资料的研究，我们发现严州牌坊的构件主要有以下这些特征：

1. 平面开间：早期的牌坊，明间与次间的开间尺寸差距较大。

2. 石柱：石柱的侧脚与石柱断面的抹角都较小。

3. 抱鼓石：多雕刻有日盘、月盘、卷云等纹样；也有与圆雕石狮相结合的挨狮砷。周边徽州地区的挨狮砷多为倒立式，而严州地区多为正立式。

4. 雕饰：雕饰集中在横枋部位，一些出土石料显示，横枋雕饰为高浮雕的动物，远观效果十分突出。

5. 斗拱：明中期后形态复杂的斗拱逐渐转变为分块拼装，形成出跳的

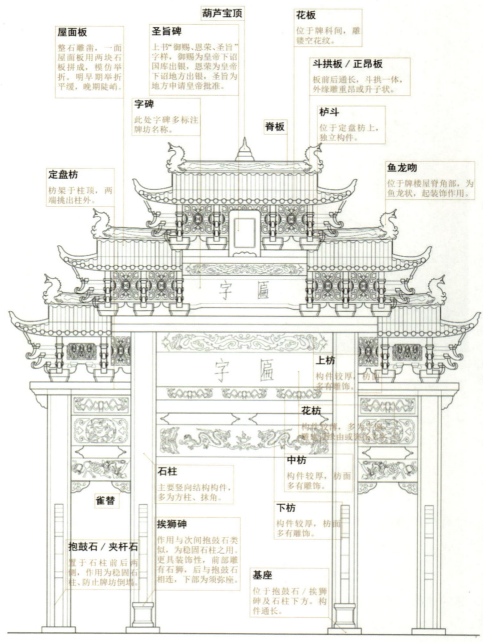

屋面板
整石雕凿，一面屋面板用两块石板拼成，模仿举折。明早期举折平缓，晚期陡峭。

葫芦宝顶

圣旨碑
上书"御赐、恩荣、圣旨"字样，御赐为皇帝下诏国库出银，恩荣为皇帝下诏地方出银，圣旨为地方申请皇帝批准。

花板
位于牌科间，雕镂空花纹。

斗拱板／正昂板
板前后通长，斗拱一体，外缘雕重昂或升子状。

字碑
此处字碑多标注牌坊名称。

脊板

栌斗
位于定盘枋上，独立构件。

定盘枋
枋架于柱顶，两端挑出柱外。

鱼龙吻
位于牌楼屋脊角部，为鱼龙状，起装饰作用。

字匾

字匾

上枋
构件较厚，枋面多有雕饰。

花枋
构件较薄，多点于雕，雕刻图案由或状。

中枋
构件较厚，枋面多有雕饰。

石柱
主要竖向结构构件，多为方柱、抹角。

雀替

挨狮砷
作用与次间抱鼓石类似，为稳固石柱之用，更具装饰性，前部雕有石狮，后与抱鼓石相连，下部为须弥座。

下枋
构件较厚，枋面多有雕饰。

抱鼓石／夹杆石
置于石柱前后两侧，作用为稳固石柱、防止牌坊倒塌。

基座
位于抱鼓石／挨狮砷及石柱下方。构件通长。

▲ 严州牌坊构件图示

斗拱板（或昂板）与正心缝方向的花板相拼合的模式化做法。

6.屋面：檐板坡度极平，金板较陡，整个屋面呈折板状，结构上更为坚固，同时有屋面高耸的效果。

经过与严州文化研究会、浙江省古建筑设计研究院等多家研究机构的专家共同探讨，我们决定在梅城的主要步行街区与公共节点处，对能够体现严州人文精神内涵的具有典型性、代表性的牌坊，将出土的老构件利用现代技术手段融合于复建的牌坊中，以展示历史文化的沧桑厚重与人文精神的传承延续。

复建后的三元坊

▲ 十字街口品字牌坊群

　　比如始建于明朝的三元坊，是当时的知府为表彰出生于严州府的商辂连中三元而立，原牌坊于"文革"期间被毁。为了延续历史文脉，我们以考古发掘的残件为基础开展牌坊复建，对可再利用的牌坊构件进行归位利用。目前恢复的三元坊就利用了出土的挨狮碲、上枋、石柱等构件，有效还原了古牌坊的历史风貌。

　　历史上严州牌坊主要集中在严州府前的南北主街即现在的府前街、正大街与南大街，以及东西方向的三星街与东门街。设计恢复此序列，作为规划中的步行游览主线，强化严州古城城市空间的独特性，形成完整的古城轴线。同时，在各主要节点依据文化背景恢复标志性牌坊，强化节点空间。

严州古城
行街牌坊

▲
北方石狮子

▲
南方石狮子

南北石狮的异同

　　在复建的梅城众多石牌坊中，作为柱脚斜撑构件的石狮子（即挨狮碑）是最为常见的。随着对历史文化研究的逐步深入，设计团队发现中国南、北方的石狮子在形态上存在巨大的差异。

　　北方的石狮子和我们常见的在大门两侧蹲守的石狮子差不多，威武雄壮，整个身体造型变化不大。而南方的石狮子却相较而言比较苗条，身体造型灵活，多呈曲线形态，头部相对身体比例较大，整体灵动活泼。

寻觅历史筑梦乡愁
中国联合于浙西古镇的探索之路

62

"贪"的老照片 ▶

而梅城的石狮子在南方狮子基础上，腿部造型更具地方特色。它站立的一条前腿笔直向下，并非弯曲态，据说代表着梅城人耿直的个性，如宋代的江公望就是典型的代表人物。这种特点在考古挖掘出的古严州府衙前石雕"贪"（当地俗称四不像，用以警世）的身上也有着明显体现。

4.1.7　僵石重生记

　　自唐以降的一千两百多年中，梅城一直流传着关于一块奇石的传说，传说这块奇石名为"僵石"，体型巨大，一直作为镇州之石庇佑着严州。梅城中甚至有一条主要的街道就命名为僵石巷。不知从何时开始，僵石就神秘消失了，只流传下来刻在僵石上的几句铭文供后人遐想："伟哉碣石，作镇此州。显晦以时，灾祥寔由。制服貔彪，消殄巨蠹。桑麻遍野，穀麦盈丘。千亿万年，世沐洪庥。"

　　在本次玉带河开挖整治中，施工单位从宋家湖的湖底淤泥里挖出了一块直径约一米、高度近两米、重量达数吨的巨石，形如碾子，却比一般农户家中的石碾要大得多，而且石头上下两端还有榫头。这么一块巨石一时间无人能识，只能暂时与挖掘出的石牌坊构件摆放在一起。

　　时逢雨季，一天陈利群先生去堆放地挑选石牌坊构件，不经意间发现巨石表面由于雨水的冲刷隐约浮现出几个字，陈先生立刻令助手清洗石头表面，依稀辨认出"碣""州"等几个字。由于岁月的侵蚀，巨石上的铭文已模糊不清，经过陈利群先生仔细比对与辨认，确定石头上所记录的内容就是传说中严州僵石的铭文内容。这正是陈先生记挂多年的镇州之石——僵石。

　　虽然寻觅多年的宝贝重现于世，但它只是完整僵石中的主要构件，与其相配套的构件早已遗失。它的完整原貌是否与"经幢"类似，它是

▲
僵石发掘现场

▲
僵石上的铭文

展示僵石的六角亭

于何时被人推进湖中，种种疑问随着岁月的流逝已无从考证。

僵石一出，关于是否要依据推测再现其可能的原貌，是否要将其保存至博物馆，还是采取其他保存形式，一时间，在多方之间引起讨论乃至纷争。最后经叶万生先生定夺，将僵石以最原始的状态在挖掘原址附近，保存于新建的六角亭内展示给梅城居民，以增强当地百姓的乡愁记忆。

严州僵石的发现和重见天日，是严州古城考古的重大发现，使严州文化又多了一个标志性符号，梅城众多乡愁中多了一个重要的记忆点。这也是盛世祥瑞的生动体现。

4.2　传承地域文脉

　　在城镇有机更新中，挖掘当地历史、厚植本土文化、实现古镇人文的传承，在发扬地域文化特色的同时可以有效避免城镇改造建设中曾经普遍出现的"千镇一面""千篇一律"问题。通过对当地文脉的梳理与展现，可以做到因势利导，给城镇注入新的活力，使它重新恢复生机，实现可持续发展，具有吸引游客、展示历史与发展文化的作用和意义。

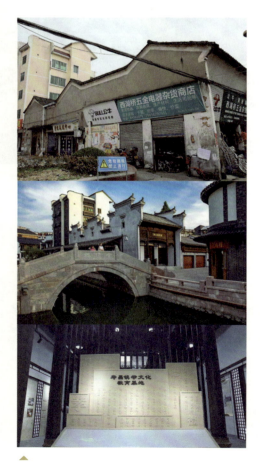

4.2.1　寿昌孝文化

　　在寿昌会通桥旁，南宋时为纪念孝子周雄而建有周宣灵王庙。周雄做了许多有益于社会、有利于民众之事，继承和发扬了孝道文化，所以周宣灵王庙又称孝子庙。1949年后的土改中，周宣灵王庙被民众作为商铺使用。我们根据周宣灵王庙原有的建筑结构特点，对两进式建筑院落进行恢复，同时结合两个天井，对内部展陈功能重新设计，并依据寿昌当地建筑风格与庙宇建筑特点，新建了门头与马头墙，使其整体风格和谐，相得益彰。修复后的周宣灵王庙作为寿昌镇孝文

周宣灵王庙改造前（上）、改造后（中）及改造后内部效果（下）

化教育基地，用于弘扬中国传统的孝道文化，同时也为践行新时代中国特色社会主义思想助力，增强民众的民族文化自信。

4.2.2　梅城德文化

梅城的城北，在一个叫"石板井头"的小巷中有一口古井名为六合古井，相传是三国时期东吴孙权母亲吴国太家里的吃水井，吴国太曾倚此井教子，教育儿子孙策（孙权长兄）要尚德崇礼、广募人才、礼贤下士、重用良将，故此井又名"教子井"。

吴国太的言传身教也使孙权深知有德者始有天下。黄初元年（220年）孙权封爱将孙韶为建德侯，寓意"建功立德"。吴黄武四年（225），孙权析富春县为建德、新昌（后改名寿昌）、桐庐三县，并将建德县（县治梅城）作为孙韶的封地，建德县之设从此始。

《左传》中有云，"太上有立德，其次有立功，其次有立言"，而"立德"为最高境界的成就。由此看来，正因有了六合古井的教子传说，才有了当地一脉相承的德文化。我们特意取"六合"二字命名这座建筑，用于集中展示与传扬一代代建德人锐意进取、开拓创新的"建功立德"精神，让德文化成为助推梅城镇经济社会发展的内生动力，为千年古府的复兴提供精神力量和道德支撑。

▼ 六合堂沿街效果

改造后的六合井

六合堂内景一

六合堂内景二

4.2.3　梅城状元文化

　　梅城街巷中，有一条从府前街到六合古井的东向小巷，古称"六曹巷"，梅城人一直流传的歌谣中有"六曹巷口拜魁星"的说法。据说现梅城电影院后，古时有座魁星楼，过去严州境内的考生参加乡试或进京参加会试前，会来魁星楼祭拜。由于梅城魁星楼早已损毁殆尽，并且没有留下任何相关文献与影像资料，所以我们只能根据当地老人碎片化的记忆描述并参照与浙西地域文化相近并可能产生影响的徽文化、吴文化以及越文化中魁星楼的建筑样式，与专家们反复研究探讨后，再现了魁星楼，让世人再次领略"文章之府""文运之风"古严州的神韵。

　　严州文化源远流长，历史上严州也是人才辈出，像三元坊就是为纪念三元及第的商辂而立，状元坊是为高中状元的方逢辰所立，祖孙科甲坊是为了表彰宋家祖孙三代高中进士。我们将严州的学士之风实体化为科举文化长廊，结合周边的魁星楼、三元坊，共同形成状元文化展示研学集群，以弘扬严州地域传统好学之文风。

三元坊

科举文化长廊

复建后的魁星楼

4.2.4　梅城的街巷

中国历史文化名城保护专家阮仪三先生曾说："梅城是长三角地区唯一一座州府规制清晰、街巷肌理完整、历史文脉可寻、历史遗存丰富的古城。"

为了呈现梅城镇完整的街巷肌理，我们对老街区予以最大化保留，延续原有风格，保留旧区风貌，展现古色古香的文化底蕴。只有保留和发展古建筑古文化，才能够彰显出整个地区的历史文韵。

古街之所以需要保护与珍爱，是因为古街是原住民的集体记忆的留存。现今我们的传统文化不断遭到西方同质化模式的冲击，一定要特别留意保存自己的文化记忆，以及蕴藏在生活中的文化，重新确立文化自信。如果生活中的文化和文化记忆都丢失了，那么这个城镇所有与传统文化有关的一切终会彻底消失，最后只能剩下几个像文物一样的保护点及存于博物馆中的展品。因此，我们在规划研究中竭力杜绝保护性破坏现象的发生。

◀ 梅城镇街巷老照片

1. 严格保护梅城街巷肌理与空间尺度

我们一直恪守着"还梅城人一个自己的梅城"的原则，对于梅城原有的街巷，我们秉持着保护原则，不去刻意破坏街巷肌理，严格保护具有时代印记的各个时期的建筑，尽最大可能在梅城古老的街巷中展现历史的长河。

2. 保持原住民生活状态

原住民是维系本地文化的重要载体。保护与更新中要让文化具有延续性，那么对待历史或传统的视角就不能限于一个固定的时间点，因为文化包含着从古至今连续不间断的过程中展现的所有事物。只局限于物质实体的保护或只是限定于一个时间点的保护，都是一种"保护性破坏"。

阮仪三先生说，历史街区的保护绝对不是纯粹的文物保护，只有让古街区中的原住民居住在里面，历史街区保护才有意义。而不是让居民全数迁出，只留下一段空空的马路给游客和商家。因此，在街巷的保护与再利用中，不应该只做街面一层皮，而应该保持足够数量的原住民，

改造前
▼

这样才能保持古街文化的魅力。

3.文化环境营造

利用景观与构筑物保持原有街巷尺度与肌理特征，利用好水道、店门前的辅道，以及拓展出公共空间，以全开敞与半开敞的形式，引入水吧、咖啡、茶座等休闲业态，为游客延展休憩和休闲空间。

对于具有浓厚历史底蕴的府前街，我们将其定位为州府文化历史风情步行街，在服务原住居民生活的同时，引入旅游商业，相融发展，形成北部核心区。通过收集府前街老照片并分析场景空间与建筑形式，对府前街的历史街区场景点位进行原真性还原。通过修复及复建，展示老街的历史记忆。改造部分无保留价值的八九十年代后建筑，根据收集到的历史资料，新建曾在府前街历史长河中出现过的代表性建筑，溯源老街历史的变迁。

梅城镇南面新安江，所以自古以来，南部片区的南大街、正大街因靠近码头以商贸为主。而北部片区的府前街有府衙、县衙以及府学、县学，故府前街一直以来承担着行政、居住、教育、祈福等生活功能。

改造后

▲
改造前（上）
改造后（下）

4.2.5　寿昌中山路

　　中山路自古便是寿昌镇东西向的主街，曾经也是牌坊林立、热闹非凡。由于城镇的不均衡发展，像寿昌这样的省级中心集镇，也存在着老镇区街道狭窄，路面破坏严重，沿街建筑风格杂乱，违建众多，店招、空调外机、保笼窗放置凌乱，电线随意搭接、裸露在外等问题，既存在安全隐患又破坏街面形象。同时，车乱停乱挤、摊位乱摆现象也直接影响街道环境。

本着新旧兼容、和而不同的基本原则，我们用片断回忆的方式，再现各类风格的典型空间与典型街区，以期提升小城镇居民的生活品质和城镇建筑景观的多样性，呈现城镇旧貌及新颜，追溯历史记忆与变迁。

在整治过程中，挖掘寿昌历史、厚植本土文化、实现千年古镇的传承，在发扬地域特色的同时可以有效避免小城镇改造建设中曾经普遍出现的"千镇一面""千篇一律"问题。

中山路街区的打造，一是注重对历史古建筑进行保护和修复。在中山路步行街打造彰显浙江地方特色的"浙派民居"和沿街商铺。二是注重对文化进行挖掘和传承。邀请省市古文化研究专家、政协文史委、严州文化研究协会等，寻访收集寿昌文化史料，设计建立寿昌善孝文化、名人文化的展示基地——周宣灵王庙、三元宰相坊、徐庄进士坊等。

修复与复建这些历史建筑，并不是这个项目的最终目的，而只是一种因势利导的措施，最终的目的还是为了给寿昌注入新的活力，使它重新恢复生机，实现可持续发展，起到吸引游客、展现历史与发展文化的作用和意义。

改造后的中山路，综合文化民俗、网红店铺、文化创意建设，配套引进酒吧和民宿、快捷酒店，形成夜间经济集聚商圈。中山路上"寿昌909"夜市品牌的推出，打响了杭州的"深夜食堂"夜间经济品牌。2020年12月6日，央视新闻"夜游美丽中国"栏目对寿昌古镇进行了专题报道。

造前
改造后

中山路"寿昌909"夜市

▲中山路活动

▼中山路夜经济

4.3.1　寿昌南门广场

　　作为寿昌镇老地标的南门广场，是寿昌老集镇的核心区域，但也是整个寿昌脏、乱、差集中体现的地块。我们拆除周边区块的违章建筑后，植入具有寿昌古镇文化的地标牌楼，建设徽派风格的市民活动中心、城镇展览馆、城镇综合智慧指挥中心等，使其成为一个集文化、休闲、娱乐、商业于一体的综合性民俗文化广场，通过水街的连通，与西湖文化广场交相辉映。

　　由于寿昌镇区一直没有大面积的公共停车场，所以车乱停、道乱占现象严重。在进行南门广场设计研究时，我们在广场下新增地下停车场7000平方米。南门广场整治后，彻底消除了该区块卫生秩序混乱的顽疾，缓解了核心区块停车难的问题，改善了周边居民的生活环境，彰显了寿昌的历史文化特色，提升了寿昌的整体品质。

▲ 市民活动中心

 改造后日景
改造后夜景

4.3.2　寿昌农贸市场

　　位于溪边路的农贸市场是寿昌百姓每日生活中不可或缺的场所，建于20世纪90年代的这座建筑有着新中式风格的影子，建筑骨架带有明显的坡屋顶气质，建筑空间由内部园林式庭院布局串联。但由于严重的墙面空鼓与突兀艳丽的色彩，使得农贸市场与寿昌古镇的整体风貌格格不入。

　　我们在原有建筑的构架基础上，提取徽派建筑中的代表元素，利用钢架格栅重新编排了这座建筑的第五立面，同时用现代手法布置花砖墙，丰富了建筑层次与空间场所感，重塑了粉墙黛瓦马头墙的江南建筑印象。改造后的农贸市场焕发了新的生命力，弥合了新旧建筑间的时间错位。除了在风格、材质、颜色等诸多细节方面强调"画风统一"外，更重要的是从使用者的体验出发，"重塑"一个具有历史纪念意义的旧场所，让新老建筑产生对话，让传统和现代间具有向心性和不可分割性。当表象与手法被剥离后，留存下来的只有最纯粹的本质，须通过设计缝合新与老的边界。建筑片段、设计手法、材质、色彩，共同创造了难以磨灭的蒙太奇印象：是回忆，是展望，更是重塑。

◀ 改造前（上）
　改造后（下）

4.3.3 寿昌会通桥

前文提到的南门广场、农贸市场，都是以现代的设计手法与技术材料表现当地文脉的古韵，而寿昌水街上的会通桥则是利用传统古法技艺复建出原汁原味的属于江南水乡千年古镇寿昌的圆拱桥。

唐代寿昌县令戴筠命人建造西湖后，于湖东建跨湖石拱桥，即现在中山路与水街交汇处。相传，古时文人李台和胡同文在此石拱桥相识，交谈甚欢，后成为非常要好的朋友，并结成姻亲，被后世传为佳话。为纪念此事，百姓将这座石拱桥称作"会通桥"。20世纪60年代末为方便车辆通行，改石拱桥为平板水泥桥。本次改造中，在原桥址处将会通桥用老石料以古法复建，并在其旁立"聚贤亭"，塑李台和胡同文铜像，记述会通桥的历史。

会通桥建造现场

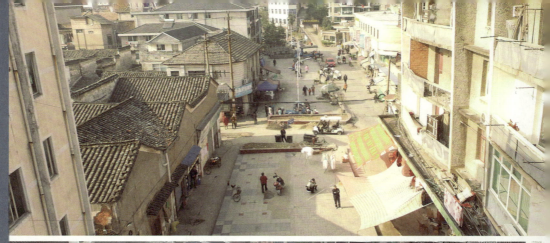

改造前（上）
改造后（中）
聚贤亭（下）

4.3.4　梅城雉堞

据民国时期《建德县志》记载："建德城即严州城，俗称梅城，以临江一段雉堞半作梅花形故也。"严州民间有"天下梅花两朵半"的说法，即北京一朵，南京一朵，严州半朵。"梅花"指梅花形的雉堞，即梅花形城垛。在古代，只有京城的城墙才能按梅花形建造，是皇族身份与地位的象征。

由于史料记载中对于梅花形雉堞的造型所言甚少，为了能够充分理解梅花形城垛的样式与砌筑方法，我们特意去到北京北海团城与南京午

京团城 ▶

京午门 ▶

门，分别观察调研梅花的城垛。

　　严州府城（梅城）梅花状的古城墙，是朱元璋的外甥李文忠率军守城时所建。明代的严州城，经六百多年的风风雨雨，更因战乱兵燹，砖砌的女墙与雉堞损毁殆尽。在后续资料搜集中，我们幸运地寻找到了清末民初美国传教士费佩德（之江学院创始人）当时拍摄的古严州城垛照片。

　　由于缺乏城垛具体形式及其做法的文献记载，所以只能反复研究老照片。北京、南京的城垛使用九层砖砌筑而成，而梅城的城垛从老照片及当地老人口述中推断出使用八层砖砌筑而成。

　　城垛的形式确定了，但是砌筑材料又出现了问题。现在能够买到的材料过于新，无法与老的墙相融合。由于数量过大、无法采购到这么多的老砖，经过数周没日没夜的研究，我们和施工团队终于找到了"焖"的手法来处理新的城砖，使其可以在短时期内达到一定效果。同时，我们采用传统城墙砌筑工艺，用糯米浆掺入桐油与石灰的办法将老砖砌筑，

◀ 美国传教士费佩德（之江学院创始人）拍摄的梅城镇梅花雉堞老照片

◀ 复建后的梅城镇梅花雉堞

经过多次的实验，终于再现了梅花雉堞的本来面貌，使有"半朵梅花"之称的严州古城重现于世。

4.3.5　寿昌西湖水街

"天下西湖三十六，寿昌西湖占其一。"在寿昌镇，最能反映古镇历史变迁、也是最让寿昌百姓心头牵绊的，就要数西湖水街了。

寿昌西湖始建于唐昭宗景福二年（893），在艾溪北岸的彭头山下，由寿昌县令戴筼开凿，当时面积约为400平方米。戴县令开浚西湖，意在灌溉东郊农田，所以湖成之后，又辟一条渠道，从东到西，直贯街市中心，以前老百姓称之为"市沟"。建造西湖后，戴县令于湖东命人建跨湖石拱桥，位于现在中山路与水街交汇处，后称为"会通桥"。

明洪武六年（1373年），寿昌知县彭子冲垒石为墩，分二孔导流湖水，并在湖心建亭于桥上，名曰"冰心亭"，取王昌龄诗"一片冰心在玉壶"之意。

"西湖垂钓少渔翁，傍晚斜阳映水红。何日筹资疏浚后，沙淤石积一时空。"清朝中叶诗人叶诰书，距西湖的建成已有800多年，他所见的是残缺西湖，他写下的颇有几分伤感的诗句，表达了对重现西湖美景的期盼。

▲
改造前

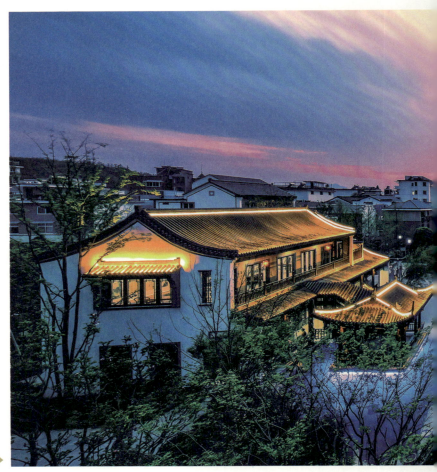

改造后 ▶

　　历经一千多年的岁月沧桑，虽然在历史上西湖水街也几经疏浚，但都未能还原其旧日美景，反而湖底淤积日益严重，湖面不断缩小，冰心亭也早已残败不堪。到了民国二十三年（1934年），寿昌遭遇大旱，县长李馀发动民众以工代赈，疏浚了西湖，蓄水灌溉农田。

　　寿昌西湖承载了几代人的记忆，却再次因年久失修，变得泥沙淤塞、发黑变臭，西湖大半的面积被土填平作了小学校址，目前已被废弃；20世纪60年代末为方便车辆通行，会

通桥也由石拱桥改为平板水泥桥；而水街也被水泥板所覆盖，成为一条饱受百姓诟病的"龙须沟"，寿昌百姓要求改造西湖水街的呼声从未间断。西湖水系全域整治成为寿昌小城镇环境综合整治的核心，关乎寿昌百姓生活的福祉。

针对西湖水街的现状，中联团队与业主、专家商讨后，决定主要采用三条策略，即：

1.拆除盖板，并对西湖水街河道及周边沿线建筑进行重新设计与改造。

2.对河道进行截污纳管、清淤疏浚。

3.在水街东西两处端头打造民众活动、娱乐休闲的两大文化广场，即西湖文化广场与南门广场。

同时，水街沿线区域保留、改建与新建的九座桥道，既方便民众日常生活出行，也丰富了水街的空间层次与趣味性。

我们掀开覆盖在水街上的水泥盖板，打开水街的水域空间，并将西湖水面拓宽，恢复了六角冰心亭与九曲桥，新建与其对景的西湖戏台——遏云楼及西湖茶楼——戴筠楼，共同形成西湖文化广场的核心景观。通过截污纳管、水道清淤、引水工程、水上景观提升、杆线"上改下"等一系列措施，高质量地赋予西湖水街新的生命；同时沿着《寿昌镇志》的历史脉络，按照修旧如旧的建筑手法，按节点讲好寿昌西湖水街的时代故事。恢复后的西湖水系再现了寿昌居民的传统市井生活，重新勾勒出对老城的时代记忆，也重塑了寿昌文脉的核心灵魂。

西湖水街整治工程作为杭州市的"百千万行动"之一，由市领导领衔破解课题，通过"引水入城、依水而改、沿水兴业、以水为魂"，不但改善了寿昌百姓的生活环境，还优化了产业模式，更恢复了优美古朴的生态环境。治水兴业、让西湖显姿的做法也得到人民网、浙江日报、杭州日报等各级媒体的广泛关注。

整治后的寿昌西湖，吸引了很多远方游客，也吸引了归乡的旅人。长长的走廊上，突然变得忙碌起来。"近乡情更怯，不敢问来人。"西湖的变样让人觉得，这不是记忆里的西湖，却又真真切切是记忆里的西湖。西湖突增的人流也给水街商铺带来商机，让老板们笑得合不拢嘴。到了夜晚，朦胧的雾里透着斑斓的灯光，人影也变得模糊起来。"月上柳梢头，人约黄昏后。"赏月的、跳舞的、聊天的人们齐聚西湖，共同分享这一日的小城故事。

明万历六年（1578年）严州府城图

4.3.6　梅城玉带河

梅城的东西两湖原为乌龙山山水流入新安江所形成的两个自然湖泊，因为地势低洼，前人便利用低段筑坝蓄水，旱时储水浇灌，涝时缓解洪峰，形成一东一西两湖。明万历年间，当地郡丞主持修筑湖堤，使西湖之水自东向西绕郡而流，宛然腰带，旧称之为玉带水。正应了形势家所言，"郡治若横腰带水，凡来太守尽贤侯。若得两湖通一处，即时贵显富人多"。

作为千年古府严州府城的主动脉，玉带河曾见证了严州文化的兴盛和衰退，承载了古严州的全部历史记忆。1968年，因下游富春江水库蓄水，新安江水位被抬高，导致玉带河不再承担排水的功能，玉带河逐渐被覆盖作为建设用地使用，与玉带河相连的东侧宋家湖、西侧江家塘，也都于20世纪80年代被填平。

▲
改造前东西两湖与玉带河俯视图

　　2018年，梅城镇美丽城镇建设正式拉开帷幕。经多方征求规划意见并倾听当地百姓呼声，玉带河恢复工程被提上议程。我们串联了东、西湖水系，打造集商埠文化展示、诗路文化体验、传统技艺创作、名人典故文化传承一体的多功能、多方式、多层面的文化休闲体验带。

　　玉带河整治范围主要涉及三大片区：江家塘、十字街口以及宋家湖，共计约53000平方米。我们根据文史资料，恢复了玉带河沿岸的各类文化点位，以展现梅城深厚的历史底蕴。

▲
玉带河文化点位布局图

1.江家塘

江家塘最初是宋徽宗时期"铁面御史"江公望遇赦回家后所筑的放生池，若干年后成为江氏家族庭院内塘。清道光五年，江氏以塘捐公，江家塘融入玉带河。

我们呈现的江家塘规划为开放的传统河街形式，整体空间由内街、小巷、公共开放空间以及景观水域组成，其中驳岸多以硬质石材为主。临水建筑在严州明清样式基础上，部分融入南宋风格。其功能业态除西侧精品酒店外，以常规零售餐饮为主。江家塘区域通过复建擂鼓桥、二板桥、里仁坊与清芬阁等名胜景点，再现了古镇水街的盛景。

▲ 改造前鸟瞰

▲
改造后鸟瞰

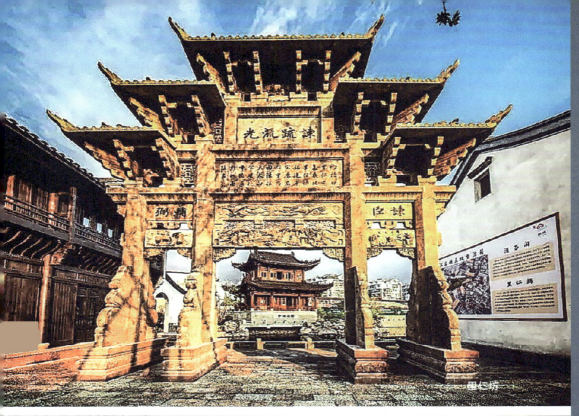

里仁坊

江家塘黄昏

江家塘黄昏

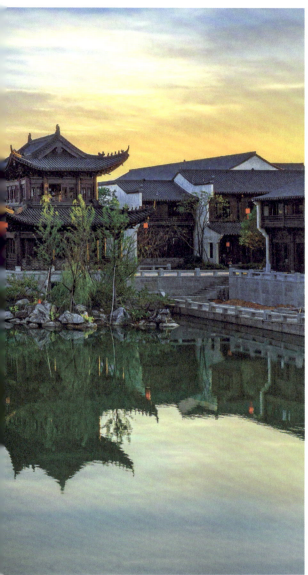

清芬阁（上）

江家塘日景（中）

擂鼓桥鸟瞰（下）

清芬阁（上）

江家塘夜景（下）

2.宋家湖

宋家湖原是明代山西巡抚宋贤后裔家族后花园的一部分，清代严州知府聂镐敏疏浚东西湖时，宋家将此湖捐出。在玉带河工程中，我们将宋家湖设置为组团及院落式布局，与江家塘相比，更为园林化；由于民国时期官宦豪绅多在宋家湖沿岸置办房产别墅用以休闲娱乐，目前宋家湖畔留存的老建筑也多为民国建筑，所以我们在宋家湖区域融入民国时期风格，使玉带河沿岸临水建筑群展现梅城历史长河中不同时期的水街特色。同时宋家湖增加了部分自然驳岸和亲水平台，恢复部分老城记忆符号。宋家湖西侧延续商业街区，东侧结合景观设置休闲区、布置精品酒店，公共休闲场所则穿插在各个区域。

▲ 宋公桥

▲
宋家湖日景

宋公桥日景
▼

▲
改造前（上）和改造后（下）鸟瞰

▼ 东西两湖与玉带河全景

4.3.7　龙山书院

据史料记载，宋代文学家范仲淹任睦州（后改严州）知州不久，捐薪创办了龙山书院，为中国最早的官办书院，由此揭开了严州（今梅城）教育史的新篇章。

中联的方案挖掘梅城当地风土人情和建筑风貌，以古代书院规制为蓝本，以《营造法式》为建造依据，现代与传统有机结合，打造具有宋式风格的书院建筑群。建筑运用现代材料和手法，重构出传统建筑坡屋顶，展现宋式建筑的恢宏大气与和谐韵味。

建筑群摒弃传统建筑相对笨重封闭的建筑风格，通过设置多进院、双跨院的院落组合，同时辅以楼、廊、台等手法，削弱建筑单体的体量感，增加建筑的可识别性和空间活力，同时丰富建筑组群层次与韵律。景观设计注重人的尺度，在手法上以现代简练的设计语言为原则，根据

▲
棂星门与泮桥

▲
龙山书院内景

传统园林布局特点设计，与建筑协同形成步移景异的特色景观空间。景观小品风格沿袭整体建筑风格，以达到和谐统一的片区效果。

龙山书院复建项目，既是美丽城镇建设的重点项目，也是千年古城复兴计划的重要节点，更是建德梅城挖掘和传承书院文化的力作之一。"千年古城"的复兴离不开文化的支撑，而书院是文化的标志和象征，龙山书院重现风采，代表着严州文化即将再现芳华，"千年古城"复兴也将进入全新的阶段。

▲
龙山书院夜景

　　龙山书院包括会议厅、前门、大成门、大成殿、办公室以及潇洒楼。
主要分为两大功能区：

　　1.东侧跨院为龙山书院区，分为三进院，第一进院包含前门、文化
展示廊、泮桥与棂星门；第二进院包含大成门、大成殿以及办公室；第
三进院包含潇洒楼与办公楼。大成殿内设孔子像及72贤像，潇洒楼一层
为范公祠，设范仲淹雕塑；二、三层为观景层。

　　2.西侧跨院为龙山书院讲堂区，主要包含会议厅与藏书阁，会议厅
设有300人讲堂与100人讲堂，藏书阁一层为小讲堂，二层为藏书阁。

4.4.1　寿昌状元廊桥

　　解放南路与溪边路交口处有一座用预制水泥板搭建的寿中桥，是寿昌中学生们每日上学的必经之路。但在经过桥梁结构鉴定后，确认此桥为危桥，需要拆除重建。为方便民众出行，于原寿中桥下游先新建状元廊桥，建成后再拆除老桥。

状元廊桥近景

为了与整个城镇改造风格相协调，同时打造具有浙西古韵的滨江景观，以及为民众营造可行可憩的滨江休闲步道场所，新桥设计为五孔石木廊桥，内部雕梁画栋，刻上二十四史著名历史典故与二十四孝图，弘扬寿昌孝文化，让寿中学子在往来求学的途中受到文化美德的教育。

状元廊桥的建成不仅方便了两岸居民的生活往来，更是对寿昌莘莘学子的美好祝愿。状元廊桥已成为展示寿昌厚重历史文化的重要窗口，是寿昌镇耀眼夺目的文化地标。

状元廊桥远景

状元廊桥内景

五

中联模式下城镇有机更新实践总结

5.1 城镇有机更新项目实践成效

5.1.1 寿昌项目

寿昌项目的实践主题聚焦于"追忆乡愁",具体可以概括为"两融两新":悠久的历史记忆与真挚的人文关怀相融合的存旧续新、厚重的地域文化与精湛的当代技术相融合的与古为新。通过挖掘与转译当地的文脉资源来滋养古镇,以遵循历史场景的真实性、历史风貌的完整性和历史文化的延续性为指导原则,以保留历史遗存、再现历史记忆以及营造品质生活为切入点,最终将寿昌古镇绘就一幅具有古今相融、传承创新特色的历史画卷,使世人能够在复兴的古镇中阅读到时间的价值、感知到历史的长度、品味到古镇的乡愁、唤醒起遥远的记忆。

自寿昌项目完成以来,寿昌镇屡获殊荣:

2018年,寿昌镇成为浙江全省1191个完成整治任务并验收达标的小城镇中唯一一个以免检形式通过省级考核的小城镇;

2020年4月,寿昌镇被评为第六批浙江省历史文化名镇;

2020年11月,寿昌镇中山路被评为杭州市级高品质步行街;

2020年12月,寿昌镇被评为浙江省5A级景区镇;

2021年12月,寿昌镇入选浙江省第二批千年古城复兴试点建设名单。

另外,寿昌小城镇环境综合整治项目荣获2020年机械工业优秀勘察设计优秀成果奖二等奖(省部级)。

中山路夜景（上）

中山路活动（下）

▲
梅城镇开城活动

5.1.2 梅城项目

我们在抓住梅城的州府文化定位，凸显自然山水和文化旅游叠加的综合竞争力的同时，着力打造"古城＋文旅产业"的迭代产品，以严州地域历史文化为导向，打造具有历史"叠代融合"特色的严州古府名片。

梅城镇业态片区总体以玉带河为界，分为南北两大功能片区与玉带河沿岸片区，各区域业态呈现多元化分布。其中南部片区主要承担文旅功能，北部片区以服务原住民与展示州府文化为主，而玉带河串联的江家塘、十字街口与宋家湖则被赋予河街商业、精品民宿的业态功能。

2019年9月6日，浙江省美丽城镇建设现场会在梅城镇召开，梅城镇的建设成果得到省市各级领导和社会各界的高度认可，登上了《杭州日报》和《浙江日报》的头版。自项目完成以来，梅城镇先后被评为国家千强镇、浙江省首批中心城镇、浙江省绿色小城镇、浙江省卫生城镇、浙江省社会治安先进镇和浙江省级教育强镇。梅城镇于2021年3月入选浙江省首批11个千年古城复兴试点建设名单，并且在4月份国际旅游联合会主办的第四届国际旅游年会上荣获"艾里缇斯"大奖，被誉为"最美中国文化旅游镇"。

此外，梅城美丽城镇建设项目荣获2022年机械工业优秀勘察设计优秀成果奖一等奖（省部级）、2022年浙江省勘察设计行业优秀勘察设计综合类二等奖（省部级）、2022年杭州市勘察设计优秀成果奖一等奖（市厅级）。

5.2　中联模式下的城镇有机更新总结

中国联合在城镇更新的不断实践中发现，如果像常规建设项目一样仅仅依靠前期设计来指导建设施工，在城镇更新的项目中会暴露出很多问题，也很难推进。在具体实施过程中，需要与居民不断地商量沟通，同时也需要随着现场的各类情况的变化而进行边修改边设计同时边施工，所以在这类项目中设计是一个与现场施工相配合的持续性、渐进式过程，而非一劳永逸的起始点。

正因此，EPC模式在有机更新中是有其必要性的。总结起来主要体现为两点：

1.可以及时处理在施工过程中遇到的偶发性问题，边调整设计边施工。

2.当地的历史文脉、地域符号在设计施工中能够得到更好的贯彻与运用。

5.3 写在最后

　　"田园城市"理念的提出者埃比尼泽·霍华德曾说，城镇是人类居住的家园。将地域文化内涵融入城镇的发展规划中，挖掘并展示当地特色，是城镇发展的灵魂和动力。中联模式下的小城镇有机更新，以"人民为中心"为根本出发点与落脚点，以历史文化为导向，以置入适宜业态、推动旅游发展为目标，以工程总承包为途径，以城市有机更新为成果。

　　基于此，中联的有机更新实践不断探索着悠久的历史记忆与真挚的人文关怀相融合的存旧续新、厚重的地域文化与精湛的当代技术相融合的与古为新。点点滴滴的精心工作汇聚成了座座古城的乡愁记忆：通过挖掘与转译当地的文脉资源来滋养古镇，以遵循历史场景的真实性、历史风貌的完整性和历史文化的延续性为指导原则，以保留历史遗存、再现历史记忆以及营造品质生活为切入点，最终将小城镇绘就一幅具有古今相融、传承创新特色的历史画卷，使世人能够在复兴的古镇中阅读时间的价值、感知历史的长度、品味古镇的乡愁、唤起遥远的记忆。

　　中联有机更新模式的核心就在于对当地历史文脉的赓续与居民乡愁的追忆，而 EPC 工程总承包是使其顺利实现的必要途径与手段。希望中联模式可以作为城镇有机更新的样板模式在未来城镇发展中进行推广与应用，为全面推进乡村振兴、城乡互补、全面融合、共同繁荣的新型城乡关系，助推全省形成城乡融合、全域美丽新格局贡献力量。

梅城镇汉富春治坊

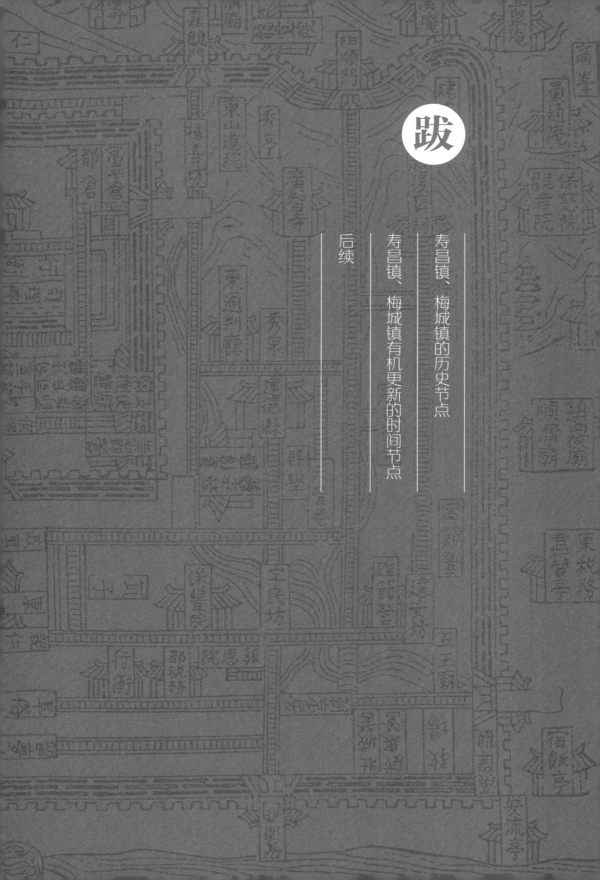

跋

1 寿昌镇、梅城镇的历史节点

三国吴黄武四年（225年），析富春置建德县，县城在今梅城，建德之名自此始；同年，又析富春置新昌县，县城在今大同。

晋太康元年（280年），新昌县更名寿昌县，寿昌之名自此始。

周万岁通天二年（697年），睦州治由雉山移建德，建德为州治自此始。

唐至德年间（756–758年）寿昌县治从白艾里迁万松镇，即今寿昌镇镇治地。

北宋宣和三年（1121年），改睦州为严州，建德、寿昌隶属不变。

南宋咸淳元年（1265年），升严州为建德府，建德、寿昌属之，建德为府治。

明洪武八年（1375年），改为严州府，府治建德，下领建德、寿昌、桐庐、分水、遂安、淳安六县。

清仍明制。清宣统三年（1911年），废旧府制，设立严州军政分府，建德、寿昌属之，建德为府治。

民国三十六年（1947年），建德、寿昌直属浙江省。

1949年，建德、寿昌相继解放。同月设立第四专署，后改建德专区，建德、寿昌属之。

1957年，析建德县地置相当县一级的新安江区，直属建德专署。

1958年，新安江区改为新安江镇，隶建德县，撤销寿昌县，改置镇并入建德县。

1960年，建德县人民政府由梅城迁至白沙镇（今新安江街道）。

1963年，建德县划属杭州市至今。

1992年，建德撤县置市，市治新安江镇，同年，梅城撤区改置镇。

2 寿昌镇、梅城镇有机更新的时间节点

2017年5月，寿昌小城镇环境综合整治项目正式开工。

2018年2月，寿昌中山路步行街改造完成。

2018年3月，寿昌西湖水街贯通。

2018年4月，寿昌镇成功举办浙江省小城镇环境综合整治现场会，得到省住建厅副厅长张奕、杭州市副市长缪承潮等省、市领导的肯定与批示。

2018年7月，寿昌状元廊桥正式开放通行。

2018年8月，时任浙江省委书记车俊对《关于开展美丽城镇示范建设建议——"千年古府"建德市梅城镇调查及启示》报告作出重要批示，力争将梅城打造成国内美丽城镇建设的第一个样板工程。

2018年10月，美丽城镇示范区建设动员大会在梅城举行，杭州市副市长缪承潮等参加会议；同月，寿昌镇成为浙江省小城镇环境综合整治行动中首个以免检形式通过验收的乡镇。

2018年11月，严州古城保护开发及梅城美丽城镇建设集中评审会在梅城镇开元芳草地酒店举行，杭州市钱江新城建设管委会党委书记、主任郑翰献等杭州市相关部门领导，以及建德市领导叶万生等参加了评审会。

2019年7月，寿昌工人文化宫、城建展览馆交工验收。

2019年9月，梅城成功举办全省美丽城镇现场大会，并得到时任浙江省委书记车俊的高度赞扬与肯定。

2020年9月，梅城玉带河贯通。

2020年11月，寿昌镇中山路、梅城镇严州古城步行街被评为杭州市级高品质步行街。

2020年12月，梅城镇获评美丽城镇省级样板。

2021年5月，梅城镇龙山书院范公祠举行开山仪式。

3 后续

中国联合在城镇有机更新上的探索并不局限于任务时间的节点，而是自始至终对历史文化的在地性以及当地的民生问题肩负着责任。虽然梅城的美丽城镇建设暂告一段落，但中国联合仍在不断地深入，对梅城镇的严州文化进行着补充与丰富：南宋瓦子街区、严州府衙以及睦州诗派陈列馆已在逐步的规划与设计中。